JN023322

不動産鑑定評価書の書き方［住宅編］

不動産鑑定士
泰道 征憲 著

資料の収集　価格算出　文章表現　がわかる

税務経理協会

はじめに

　本書は、不動産鑑定士試験合格者、実務修習生、不動産鑑定士を対象として、鑑定評価書の書き方のポイントを解説する内容になっています。

　不動産鑑定士試験に合格しただけでは鑑定評価書の書き方が身につくわけではありません。評価書の書き方や実務を学ぶには大手鑑定事務所で修行をすることが良いのですが、全員がそのような環境にいるわけではないのが実情です。そのような方に向けて、鑑定評価書作成の基礎について理解してもらうために執筆しました。この本を通じて試験で勉強した鑑定評価基準の体系的理解を深めていただけると幸いです。

　また、本書は原則として、左ページに鑑定評価書本文を、右ページに本文の解説や記載上の注意点を掲載しています。なお、右ページの〈鑑定評価基準〉においては、関連する鑑定評価基準を引用していますので、基準のどの部分に当たるのか確認しながら活用してください。

2023 年 8 月

泰道　征憲

CONTENTS

はじめに

不動産鑑定評価書の書き方

I　鑑定評価額

　　金 82,700,000 円

II　対象不動産の表示

区分	所 在 及 び 地 番・家屋番号	地　目 種類	評価数量
土地	東京都墨田区石原一丁目1番14	雑種地 （現況：宅地）	登記簿 　　　　　　72.42 m²
建物	東京都墨田区石原一丁目1番14	事務所 共同住宅	登記簿 1 階 46.88 m² 2 階 58.53 m² 3 階 58.53 m² 　　　延 163.94 m²

　不動産の鑑定評価を行うに当たっては、物的確定と権利の態様の確定が必要です。まず、所在及び地番の確定として登記事項証明書及び公図、現況確認として現地調査を踏まえて対象不動産の範囲を明確にしましょう。

　なお、隣接土地の登記事項証明書を取得し、所有者を確認しておくとミスが軽減されます。例えば、依頼者から下記公図 496-28 の評価依頼があった場合で、隣接地番に所有者が同じ土地がある場合、当該土地は対象不動産に含めなくてよいのか、再度依頼者に対象不動産の範囲を確認すべきでしょう。

【事例】

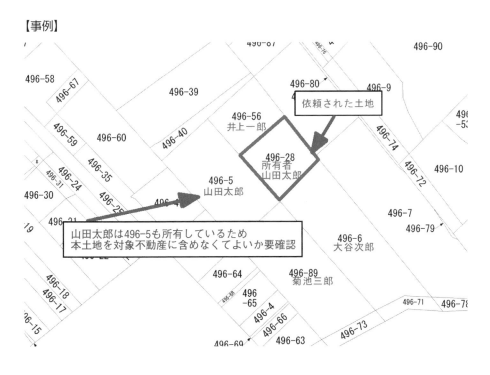

地目

　登記簿に記載の地目と現況の地目が異なる可能性があるため、必ず現地で地目を確認しましょう。登記簿の地目と異なる場合には「地目　雑種地（現況：宅地）」と状況を明確に記載する必要があります。なお、地目の判断については不動産登記規則99条に記載されている以下から記載しましょう。

> **不動産登記規則 99 条抜粋**
>
> 田、畑、宅地、塩田、鉱泉地、池沼、山林、牧場、野原、墓地、境内地、運河用地、水道用地、用悪水路、ため池、堤、井溝、保安林、公衆用道路、公園及び雑種地

評価数量

　土地の数量を確認する資料としては以下のものがあります。

　評価に当たっては登記簿数量と実測数量の確認（俗にいう縄伸び、縄縮みの有無）をしましょう。登記簿数量とは登記に記載されている数量であり、実測数量とは土地家屋調査士の測量結果に基づいた数量をいいます。登記簿数量と実測数量が異なる場合には依頼者にどちらの数量で評価を行うのか確認しましょう。例えば、銀行等からの担保評価を前提とした評価においては、登記簿上において担保権設定（抵当権設定）をするため登記簿数量で評価してほしいと依頼されるケースが多いです。一方で、実際の売買を前提とした評価では、実測数量を採用することが多いでしょう。

地積測量図	簡単にいえば土地の図面のことです。建物の間取りの土地バージョンのようなものです。地積測量図は不動産登記法で定められている図面です。不動産登記法上「一筆の土地の地積に関する測量の結果を明らかにする図面であって、法務省令で定めるところにより作成されるものをいう」と定められています。「土地の所在」「作成年月日」「作成者」「申請人」等の記載事項が定められている、公的な図面になります。
確定測量図（確定実測図）	地積測量図と同様、隣接地の所有者の了解のもと境界を決め、それに基づいて測量した土地図面です。記載されている内容は地積測量図とほぼ同じです。地積測量図の情報に加え隣地との境界合意が取れている情報が記載してあります。また、地積測量図は法務局等で取得可能ですが、確定測量図は土地の所有者しか持っていない点も違いがあります。
現況測量図	境界について隣接地の所有者の了解を取らずに測量した図面のことです。図面にはどこにブロック塀があり、水路があり……といったことが記載されています。
登記事項証明書	不動産業界では「謄本」ということが多いです。法務局等で取得できる資料で、所在・地番・地目のほか分筆・合筆の経緯や所有権移転の経緯等が確認できます。

【地積測量図】

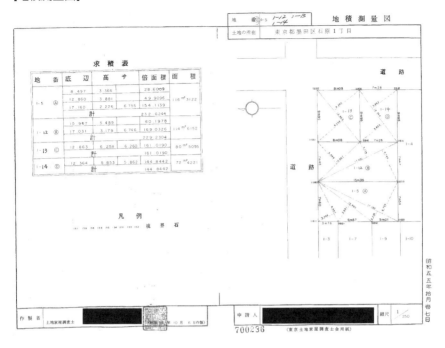

【現況測量図】

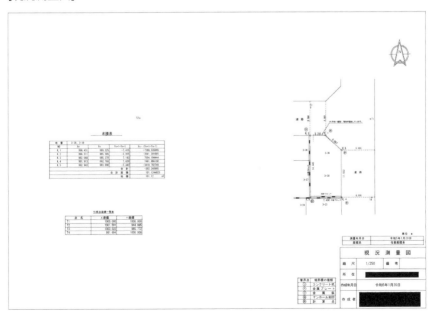

Ⅲ 鑑定評価の基本的事項

1 対象不動産の種別及び類型

(1) 種別
住宅地

(2) 類型
貸家及びその敷地

対象地を見て、「住宅地、商業地、工業地」等を判断し記載します。

有形的利用及び権利関係の態様に応じて以下のとおりに分けられます。

土地：更地、建付地、借地権、底地、区分地上権

建物：自用の建物及びその敷地、貸家及びその敷地、借地権付建物、区分所有建物及びその敷地

土地の上に建物がある場合において、土地のみの評価を依頼された場合には「更地として」等の追記が必要となります。

また、新築したばかりの貸オフィスで全く賃借人がいない場合、「建物が賃貸借に供されている場合」（鑑定評価基準の「貸家及びその敷地」の定義）ではないため、権利の態様に着目して「自用の建物及びその敷地」とするのか、現状は空室だが建物の構造上貸しオフィスとして建築されたものと判断して（すなわち有形的利用を考慮して）貸家及びその敷地とするのかについては、議論の余地があります。いずれにせよ「有形的利用」、「権利の態様」というキーワードを理解して類型を決定していれば問題ありません。

〈鑑定評価基準〉

　宅地並びに建物及びその敷地の類型を例示すれば、次のとおりである。

Ⅰ　宅地

　宅地の類型は、その有形的利用及び権利関係の態様に応じて、更地、建付地、借地権、底地、区分地上権等に分けられる。

　更地とは、建物等の定着物がなく、かつ、使用収益を制約する権利の付着していない宅地をいう。

　建付地とは、建物等の用に供されている敷地で建物等及びその敷地が同一の所有者に属している宅地をいう。

　借地権とは、借地借家法（廃止前の借地法を含む。）に基づく借地権（建物の所有を目的とする地上権又は土地の賃借権）をいう。

　底地とは、宅地について借地権の付着している場合における当該宅地の所有権

をいう。

区分地上権とは、工作物を所有するため、地下又は空間に上下の範囲を定めて設定された地上権をいう。

Ⅱ　建物及びその敷地

建物及びその敷地の類型は、その有形的利用及び権利関係の態様に応じて、自用の建物及びその敷地、貸家及びその敷地、借地権付建物、区分所有建物及びその敷地等に分けられる。

自用の建物及びその敷地とは、建物所有者とその敷地の所有者とが同一人であり、その所有者による使用収益を制約する権利の付着していない場合における当該建物及びその敷地をいう。

貸家及びその敷地とは、建物所有者とその敷地の所有者とが同一人であるが、建物が賃貸借に供されている場合における当該建物及びその敷地をいう。

借地権付建物とは、借地権を権原とする建物が存する場合における当該建物及び借地権をいう。

区分所有建物及びその敷地とは、建物の区分所有等に関する法律2条3項に規定する専有部分並びに当該専有部分に係る同条4項に規定する共用部分の共有持分及び同条6項に規定する敷地利用権をいう。

2 鑑定評価の条件

(1) 対象確定条件

対象不動産の現状を所与とする鑑定評価

(2) 地域要因又は個別的要因についての想定上の条件

ない

(3) 調査範囲等条件

土壌汚染については不動産売買契約書○条において、当該要因の取扱いが約定されているため、考慮外としての鑑定評価

3 価格時点

令和5年1月29日

4 価格の種類

正常価格

対象確定条件

記載例としては以下のとおりとなります。

○現状所与鑑定評価

対象不動産の現状を所与とする鑑定評価

○独立鑑定評価

現況は建物・構築物の敷地であるが、当該建物等がなく、かつ使用収益を制約する権利が付着していないものとしての土地のみの独立鑑定評価

○部分鑑定評価

土地と建物の一体利用を前提とした土地（建物）のみの部分鑑定評価

○併合鑑定評価

各筆の土地所有者は異なるが、一括売却する（各所有者は同族間法人、共同担保に供されている）ため、同一所有者に帰属することを前提とした鑑定評価

〈鑑定評価基準〉

　対象不動産の確定に当たって必要となる鑑定評価の条件を対象確定条件という。対象確定条件は、鑑定評価の対象とする不動産の所在、範囲等の物的事項及び所有権、賃借権等の対象不動産の権利の態様に関する事項を確定するために必要な条件である。

地域要因又は個別的要因についての想定上の条件

　想定上の条件については「前面道路には上水道の整備工事が進行中であるが、当該工事が完了したものとしての鑑定評価」等が挙げられます。

　この場合には各役所において整備の状況や蓋然性を確認し、許認可番号等がある場合には評価書に明記しましょう。

○実現性が乏しい場合

「前面道路は43条2項道路（旧法43条但書道路）の許可が下りたものとしての鑑定評価」ですが、地方の鑑定評価を行っていると、旧法43条但書道路の許可が下りれば、建物が建つといったケースもあります。この場合、役所にヒアリングしても「許可が下りる可能性は高いが実際に申請手続きをしてもらわないと分からない」と回答されることが多いです。こういった場合に、役所からの「許可が下りる可能性が高い」という言葉を鵜呑みにして想定上の条件を設定するのは、実現性が乏しく、また合法性についても怪しい部分です。このような場合は、鑑定評価ではなく調査報告書という形で対応する必要があるといえるでしょう。

〈鑑定評価基準〉

　対象不動産について、依頼目的に応じ対象不動産に係る価格形成要因のうち地域要因又は個別的要因について想定上の条件を設定する場合がある。この場合には、設定する想定上の条件が鑑定評価書の利用者の利益を害するおそれがないかどうかの観点に加え、特に実現性及び合法性の観点から妥当なものでなければならない。

調査範囲等条件

不動産鑑定士の通常の調査の範囲では、対象不動産の価格への影響の程度を判断するための事実の確認が困難な特定の価格形成要因が存する場合、当該価格形成要因について調査の範囲に係る条件（以下「調査範囲等条件」といいます）を設定することができます。具体的にいうと土壌汚染やアスベストを考慮外とする鑑定評価を行う際に設定する条件です。土壌汚染やアスベストについては不動産鑑定士がその端緒を確認することが非常に困難であり、不動産鑑定士の専門を超えた調査が必要となります。したがって、鑑定評価書の利用者の利益を害するおそれがないと判断される場合には、当該要因を考慮外として評価することができます。

【調査範囲等条件の対象】

調査範囲等条件の対象	土壌汚染、アスベスト、埋蔵文化財、地下埋設物
要件	鑑定評価書の利用者の利益を害するおそれがないと判断される場合

【記載例】

土壌汚染	土壌汚染については不動産売買契約書○条において、当該要因の取り扱いが約定されているため、考慮外としての鑑定評価
土壌汚染 アスベスト 埋蔵文化財	土壌汚染（or アスベスト or 埋蔵文化財）については、依頼者において当該要因の取扱い指針を有するため、当該要因については考慮外としての鑑定評価

依頼が不動産売買に先立つ鑑定評価の場合に不動産売買契約書に「土壌汚染については売主が除去したうえで売却する」等の記載がある場合には当該要因は考慮外にして条件設定することも可能です。また、依頼者が銀行や大手企業の場合、業務指針としてアスベストが存する場合には鑑定評価額に一律で一定割合の減価をしている場合があります。そういった場合には考慮外にしても差し支えないでしょう。

価格時点

現在時点とは、鑑定評価を行った日と価格時点が同日である必要がありそうですが、必ずしも同日でなくても問題ありません。鑑定評価を行った日と価格時点は 1～2 か月程度の乖離であれば現在時点として評価できます。一方で、過去時点、将来時点の評価については相当な根拠資料がなければできないため、このような依頼は慎重に判断しましょう。

〈鑑定評価基準〉
　価格時点は、鑑定評価を行った年月日（鑑定評価額を記載した日）を基準として現在時点、過去時点及び将来時点に分けられる。

価格の種類

正常価格、限定価格、特定価格、特殊価格に分類されます。

Ⅳ　鑑定評価の依頼目的等

1　依頼目的

売買の参考

2　依頼者以外への提出先等

依頼者以外の提出先：○○弁護士事務所

依頼者以外への鑑定評価額の開示先：○○税理士事務所

鑑定評価額の公表の有無：有

（依頼者名は評価書表紙に宛先として記載）

Ⅴ　鑑定評価の依頼目的及び依頼目的に対応した条件と価格の種類との関連

「市場性を有する不動産について、現実の社会経済情勢の下で合理的と考えられる条件を満たす市場で形成されるであろう市場価値を表示する適正な価格」を求めるものであり、求めるべき価格は正常価格である。

Ⅵ　鑑定評価を行った年月日

令和5年2月5日

Ⅶ　関与不動産鑑定士及び関与不動産鑑定業者に係る利害関係等

1　関与不動産鑑定士及び関与不動産鑑定業者の対象不動産に関する利害関係等

関与不動産鑑定士及び関与不動産鑑定業者の対象不動産に関する利害関係又は対象不動産に関し利害関係を有する者との縁故若しくは特別の利害関係の有無：特にない

依頼目的

依頼目的としては売買の参考、担保評価、証券化不動産の保有時の評価等が挙げられます。

依頼者以外への提出先等

○提出先と開示先の違いについて

提出先とは、鑑定評価書（原本）を依頼者以外に提出することをいいます。

開示先とは、鑑定評価書を依頼者以外に見せること、又は鑑定評価書のコピーを渡すことをいいます。なお、提出先、開示先の具体例としては弁護士、税理士、監査法人、売買における買主（又は売主）等が挙げられます。

また、後日、本鑑定評価書の依頼者以外の提出先若しくは開示先が広がる場合、又は公表する場合には、当該提出若しくは開示又は公表の前に不動産鑑定会社宛文書を交付して当社及び本鑑定評価の担当不動産鑑定士の承諾を得る必要があります。

2 依頼者と関与不動産鑑定士及び関与不動産鑑定業者との関係

依頼者と関与不動産鑑定士及び関与不動産鑑定業者との間の特別の資本的関係、人的関係及び取引関係の有無：特にない

3 提出先等と関与不動産鑑定士及び関与不動産鑑定業者との関係

本鑑定評価書が依頼者以外の者へ提出される場合における当該提出先又は本鑑定評価額が依頼者以外の者へ開示される場合の当該相手方と関与不動産鑑定士及び関与不動産鑑定業者との間の特別の資本的関係、人的関係及び取引関係の有無：特にない

Ⅷ　対象不動産の確認

1　物的確認

(1)　実地調査を行った年月日

令和5年2月5日

(2)　実地調査を行った不動産鑑定士の氏名

不動産鑑定士　泰道征憲

(3)　立会人の氏名、職業

○○株式会社　　○○様

(4)　実地調査を行った範囲

土地：内部及び外周部

建物：内部への立ち入りを行わず外観調査

(5)　実地調査の一部を実施することができなかった場合にあっては、その理由

賃借人が利用しており、室内の確認が困難であったため

(6)　確認に用いた資料

法務局備付の登記事項証明書・地積測量図・建物図面・各階平面図・地役権図面

建物竣工図

境界確定図

立合者の口頭説明

株式会社○○作製の「エンジニアリングレポート」

株式会社○○作製の「土壌汚染レポート」

(7)　確認資料との照合事項及び照合結果

土地：概ね一致を確認した。

建物：内覧できなかった部分については上記建物竣工図、依頼者ヒアリングより合

実地調査を行った範囲

建物内は居住者がいる場合等で内覧できない場合もあります。そういう場合には、下記「実地調査の一部を実施することができなかった場合にあっては、その理由」にて必ず補足しましょう。

実地調査の一部を実施することができなかった場合にあっては、その理由

〈記載例〉

全て内覧した場合：上記のとおり実施した。

一部外観調査の場合：所有者の了解が得られず（賃借人が利用しており）、室内の確認が困難であったため下記確認に用いた資料に基づき推測した。

確認資料との照合事項及び照合結果

〈記載例〉

土地：登記簿数量は○○ m² であるが実測数量は○○ m² と縄縮み（縄伸び）が生じている。評価に当たっては実測数量に基づく○○ m² を採用した。

土地：隣地（地番○番）のブロック塀の一部が対象地に越境している。それ以外についてはおおむね一致を確認した。

建物：登記簿の種類が事務所となっているが、現況は共同住宅として利用されている。それ以外についてはおおむね一致を確認した。

建物：登記簿における附属建物①が取り壊されている。それ以外についてはおおむね一致を確認した。

評価上採用する数量

登記簿数量と実測数量が相違する場合にはその違いを明記しましょう。例えば下記のような記載になります。

「土地家屋調査士○○作製の「土地実測図」に基づく実測数量 74 m² は登記簿数量 70 m² と比較して 4 m² の縄伸びが発生している。本件に当たっては依頼者に確認の上実測数量を前提に評価した。」

理的に推定した。

(8) 評価上採用する数量

登記簿数量

2 権利の態様の確認

(1) 所有権

① 所有者

令和5年1月20日の登記簿上

株式会社○○

② 確認に用いた資料及び確認日

a 確認に用いた資料

建物賃貸借契約書

○○作成のレントロール

b 確認日

令和5年1月30日

(2) 所有権以外の権利

ない

Ⅸ　鑑定評価額決定の理由の要旨

〔Ⅰ〕価格形成要因の分析

1　一般的要因の分析

(1)　社会経済情勢

　令和○年○月○日発表の内閣府による月例経済報告によると、景気は緩やかな回復基調が続いており、雇用・所得環境の改善が続く中で、各種政策の効果もあって、将来的にも緩やかな回復が続くことが期待されている。ただし、海外経済の不確実性や金融資本市場の変動の影響に引き続き留意する必要がある。

①　個人消費

　消費者マインドは持ち直しているが、実質消費支出は　月に前月比△％（家計調査・前月同＋○％）と前月の増加から一転減少し、一方の小売業販売額は同＋○％（商業動態統計・前月同＋○％）と前月に続き増加している。新車販売台数・旅行に関する消費はおおむね横ばい傾向が継続し、家電販売は持ち直しの動きがみられ、外食に関する消費は緩やかな増加が継続している。実質総雇用者所得は緩やかに増加し、消費者マインドも持ち直しており、雇用・所得環境が改善する中で持ち直しの継続が期待されている。

②　設備投資

　「法人企業統計季報」（○月期調査）によると、設備投資は前期比＋○％（製造業同＋○％、非製造業　同＋○％）と緩やかに増加している。資本財総供給（国内向け出荷及び輸入）は持ち直し、ソフトウェア投資はおおむね横ばいとなっている。「日銀短観」（○月調査）及び「法人企業景気予測調査」（○月期調査）によると、全産業の○年度設備投資計画は増加が見込まれているものの企業の設備判断は不足感がみられる。また、先行指標をみると、機械受注は持ち直しの動きがみられ、建設工事費予定額も緩やかに増加している。企業収益の改善や成長分野への対応等を背景に、設備投資は増加していくものと期待されている。

③　住宅建設

　分譲住宅の着工はおおむね横ばい、持家及び貸家の着工は弱含みが継続したことで、新設住宅着工総戸数は○月、前月比△○％の○万戸（季節調整済年率換算値・

一般的要因の分析

　ここは内閣府の月例経済報告等（https://www5.cao.go.jp/keizai3/getsurei.html）からピックアップしましょう。

前月同＋○％）となった。当面弱含みで推移することが見込まれている。

④　公共投資

　手持ち工事高が高い水準にある中、○月の公共工事出来高は前月比＋○％、○月の公共工事請負金額は同△○％、○月の公共工事受注額は前年比△○％となった。関連予算をみると、令和○年度の予算案においては公共事業関係費について一般会計で前年度当初予算比＋○％とし、地方財政計画では投資的経費のうち地方単独事業費について、前年度比＋○％としている。関連予算の効果もあって、底堅く推移していくことが見込まれている。

⑤　貿易収支

　貿易・サービス収支の黒字は、おおむね横ばい傾向にある。アジア向け輸出入は各国ともに景気が回復傾向にあることもあってか、ともに持ち直しの動きがみられている。アメリカ向けの輸出はおおむね横ばいとなり、輸入については持ち直し傾向となっている。また、EU及びその他地域向けの輸出入は、おおむね横ばい傾向が継続している。先行きについては、海外景気の緩やかな回復等を背景に、輸出入ともに持ち直しが続くことが期待されている。

⑥　企業収益

　企業収益、企業の業況判断は、改善している。「日銀短観」（○月調査）によると、○年度の売上高は上期・下期ともに増加が見込まれるが、経常利益は上期に増加するものの、下期には減少が見込まれている。「景気ウォッチャー調査」（○月調査）の企業動向関連DIによると、現状判断は低下しているが、先行き判断は上昇した。倒産件数は、おおむね横ばいとなっている。

⑦　雇用情勢

　労働力人口、就業者数が減少し、完全失業者数が増加したことで、完全失業率は前月比＋○ポイントの○％（○月）となっている。雇用者数、新規求人数は増加しており、有効求人倍率は上昇している。定期給与は持ち直し、現金給与総額は緩やかに増加しており、雇用情勢は着実に改善していくことが期待される。

⑧　国内企業物価

　国内企業物価（○月）は、前月比＋○％と緩やかな上昇が継続している。輸入物価（円ベース）、企業向けサービス価格の基調（国際運輸を除くベース）で上昇し、消費者物価の基調（生鮮食品及びエネルギーを除く総合）は横ばいとなり、生鮮食品を除く総合（いわゆる「コア」）は、このところ緩やかに上昇している。「消費動

向調査」（2人以上の世帯）によると、物価の上昇を予想する世帯の割合は、前月比＋○％ポイント（○％・○月）と○月以降上昇が継続している。消費者物価（生鮮食品及びエネルギーを除く総合）は、緩やかな上昇が期待されるが、当面は横ばい圏内で推移することが見込まれている。

⑨　株価

　株価（日経平均株価）は、○円台から○円台まで下落した後○円台まで回復し、対米ドル円レートは円高方向で推移している。短期金利についてみると、無担保コールレート（オーバーナイト物）は、△○％台から△○％台で推移している。ユーロ円金利（○か月物）・長期金利（10年物国債利回り）は、○％台での推移が継続している。企業金融については、企業の資金繰り状況は改善傾向にある。

　社債と国債との流通利回りスプレッドは、総じて横ばいとなっている。○月、金融機関の貸出平残（全国銀行）は前年比＋○％、マネタリーベースは前年比＋○％、M2は前年比＋○％とそれぞれ増加が継続している。

⑩　国際金融情勢

　世界の主要な株価（アメリカ、英国、ドイツ及び中国）は下落に転じている。主要国の短期金利についてみると、ユーロドル金利（3か月物）はやや上昇し、長期金利は、アメリカ、英国及びドイツで上昇した。ドルは、ユーロ、ポンド及び円に対して減価し、原油価格（WTI）は下落し、金価格はやや上昇している。

(2) 地価の推移・動向

　令和○年地価公示によると、全用途の全国平均は＋0.4％（前年＋0.1％）と2年連続上昇した。用途別にみると、住宅地は継続する低金利環境や、住宅ローン減税等の施策による需要の下支え効果もあって、前年の△0.2％から±0.0％と9年ぶりに下落を脱して横ばいに転じた。また、再開発事業等の進展による繁華性の向上や外国人観光客をはじめ国内外からの来訪者の増加等を背景に、主要都市の中心部などでは店舗、ホテル等の需要が旺盛であり、また、オフィスについても空室率は概ね低下傾向が続き、一部地域では賃料の改善がみられるなど、総じて商業地としての収益性の高まりがみられる。こうした中、金融緩和による法人投資家等の資金調達環境が良好なこと等もあって、不動産投資意欲は旺盛であり、商業地は＋1.4％（前年＋0.9％）と2年連続の上昇となっている。東京圏も住宅地では昨年の小幅な上昇から横ばいとなり、商業地は4年連続の上昇となり、上昇幅も昨年より拡大している。令和○年地価調査によると、○○区内の住宅地は4年連続の横ばいとなり、商業地は＋5.0％（前年＋4.7％）と5年連続の上昇となっている。「利便性に優れる徒歩圏内の住宅地」で地価が上昇傾向にある一方で、「利便性に劣る徒歩圏外の住宅地」で引き続き下落傾向が続いており、住宅地の二極化が鮮明となっている。また、商業地は都心部を中心に、商業性に優れた地域や、利便性に優れたマンション用地需要がある地域、好調なインバウンドによる店舗・ホテル用地需要がある地域で、地価が上昇している。

2　地域分析

(1) 対象不動産が所在する○○区（市区町村）の概況

　○○市の令和○年以降の人口・世帯数の推移は下記のとおりである。近年、人口は○○年までは減少傾向であったが○○年以降はばらつきがあるものの下げ止まっており、世帯数は増加傾向にある。

	H29.12	H29.12	H30.12	R1.12	R2.12	R3.12	R4.12
人口 （人）	76,521	85,577	88,452	91,815	94,901	96,902	98,110
世帯数 （世帯）	47,657	53,770	55,562	58,062	60,344	61,750	62,669

（○○市ホームページより）

地価の推移・動向

　国土交通省の「地価公示の概要（https://www.mlit.go.jp/totikensangyo/totikensangyo_fr4_000043.html）」等を参考に記載しましょう。

対象不動産が所在する○○区（市区町村）の概況

　人口や世帯数の推移は今後の不動産の需給動向を把握するために重要な情報です。人口や世帯数の推移は市区町村のホームページに掲載されていることがほとんどです。インターネットで「○○市　人口　推移」等の検索を行えばすぐ調べられます。

同一需給圏の判定

〈記載例〉
○対象不動産に係る需要者の立場からみて、代替競争等の関係にある類似不動産の存する範囲は、○○市に存する住宅地域である。
○対象不動産に係る需要者の立場からみて、代替競争等の関係にある類似不動産の存する範囲は、○○線沿いの駅からの接近性が良好な住宅地域一体である。
○対象不動産に係る需要者の立場からみて、代替競争等の関係にある類似不動産の存する範囲は、○○区内において東京都中心部への接近性が良好な住宅地域一体である。

同一需給圏における市場参加者の属性及び行動

　「対象不動産について述べる→市場参加者→行動」の順で記載すると綺麗にまとまります。
〈記載例〉
○対象不動産は築 30 年の戸建住宅及びその敷地である。買手としての市場参加者は当該建物を取り壊しハウスメーカー等で自己居住用の建物建築を検討している個人（エンドユーザー）である。このような市場参加者は生活利便性や居住の快適性に着目し不動産の購入の意思決定を行う。
○対象不動産は交通利便性の良好な 1,200 ㎡ の土地である。買い手としての市場参加者は対象不動産を区画割し、戸建住宅を建築して分譲することを目的に購入するデベロッパーである。このような市場参加者は生活利便性や居住の快適性や敷地の規

（2）対象不動産に係る市場の特性

① 同一需給圏の判定

　対象不動産に係る需要者の立場からみて、代替競争等の関係にある類似不動産の存する範囲は、墨田区及びその周辺区に存する住宅地域である。

② 同一需給圏における市場参加者の属性及び行動

　対象不動産は事務所付賃貸マンションであり、投資用不動産に区分され、品等・規模等の個別性から、買手としての典型的な市場参加者は、資金調達力を有する法人投資家等である。

　当該市場参加者は、現況の対象不動産から得られる収益性に着目して行動するため、最寄り駅からの距離や生活利便施設との接近の程度等の賃貸経営等による収益性に影響を与える要因を重視して取引を行う傾向がある。

③ 市場の需給動向

　墨田区は都心への接近性は良好な地域で、各所で分譲マンション、賃貸マンション等が建築されている。同一需給圏内の新築戸建住宅市場において、需要の中心となる敷地規模は賃貸マンションで $200 \sim 500\,\mathrm{m}^2$、$500\,\mathrm{m}^2$ を超えると分譲マンション等の建築もみられる地域である。

　規模が大きい土地については開発素地として開発業者が参入しており、規模の小さい土地については賃貸マンション素地として中小の不動産業者等が購入している。

模・形状（土地を区画割する際の敷地内道路の必要性等）に着目し不動産の購入の意思決定を行う。

○対象不動産は築浅の戸建住宅で販売用不動産の区分される。買手としての市場参加者は○○線沿いで居住用建物の購入を検討している個人（エンドユーザー）である。このような市場参加者は生活利便性や居住の快適性に着目し不動産の購入の意思決定を行う。

④　同一需給圏における地価の推移・動向

　　○○区の令和○年地価調査によると、○○区の商業地は平均＋13.3 %（前年
＋12.9 %）と大幅な地価上昇率となっている。また、同一需給圏内の状態に最も類
似した地価公示標準地「墨田○-○○」の近年の地価推移をみると、下記のとおり
平成26年から下落が継続していたが、令和元年以降上昇に転じ、令和3年から令和
4年にかけて大きく上昇している。

	価　　格 （円/m²）	対前年変動率 （％）
H26.1.1	619,000	− 6.9
H27.1.1	518,000	− 16.3
H28.1.1	469,000	− 9.5
H29.1.1	448,000	− 4.5
H30.1.1	444,000	− 0.9
R1.1.1	445,000	0.2
R2.1.1	451,000	1.3
R3.1.1	458,000	1.6
R4.1.1	503,000	9.8

(3) 近隣地域の状況

① 近隣地域の範囲

墨田区石原＊　丁目＊　番街区

（出典：国土地理院ウェブサイト）

　周辺の地価公示の価格推移（http://tokyokante.sakura.ne.jp/）をグラフ等で明示することが重要です。

　住宅地域の近隣地域の範囲に当たっては以下の事項に注意するとよいでしょう。

○公法上の規制

　例えば、用途地域が跨るエリアで近隣地域の範囲を設定してしまうと、標準的使用の判定が困難になる場合があります。下記【近隣地域の設定①】のように、商業地域と住居系の用途地域を跨って近隣地域を設定した場合、標準的使用はどちらになるのか判断が難しくなります。この場合は、私なら下記【近隣地域の設定②】のように、対象不動産の前面道路沿いに着目して近隣地域を設定します。このようにすれば住宅地で価格形成に影響を与える方位や道路幅員が同じ条件で近隣地域の設定とすることができ、また標準的使用を一般の戸建住宅地と想定しやすいでしょう。

【近隣地域の設定①】　　　　　　【近隣地域の設定②】

（出典：国土地理院ウェブサイト）

〈不動産鑑定評価基準〉
　近隣地域とは、対象不動産の属する用途的地域であって、より大きな規模と内

② 地域の特性等

戸建住宅、共同住宅、事業所が建ち並ぶ住宅地域

a　街路条件

　幅員・種別等：幅員8mの舗装市道

　系統・連続性：普通

b　交通・接近条件

　⒜　最寄り駅への接近性

都営大江戸線「両国」駅

　近隣地域の中心まで：北方へ徒歩で約5分

JR総武線「両国」駅

　近隣地域の中心まで：北東方へ徒歩で約12分

　朝夕の運行間隔：頻繁

　⒝　都心への接近性

　都営地下鉄大江戸線「両国」駅から「大手町」駅まで約15分（「清澄白河」駅で東京メトロ半蔵門線に乗り換え）

（近隣地域の範囲）

容とを持つ地域である都市あるいは農村等の内部にあって、居住、商業活動、工業生産活動等人の生活と活動とに関して、ある特定の用途に供されることを中心として地域的にまとまりを示している地域をいい、対象不動産の価格の形成に関して直接に影響を与えるような特性を持つものである。

地域の特性等

文章表現に迷った場合は国土交通省の地価公示の評価書（https://www.land.mlit.go.jp/landPrice/AriaServlet?MOD=2&TYP=0）に地域の特性として記載があるので参考にするとよいでしょう。

(1)「詳細を開く」を押す。

国土交通省地価公示				詳細を開く↓
標準地番号	荒川-1	調査基準日	令和4年1月1日	
所在及び地番	東京都荒川区西尾久8丁目294番90　地図で確認する			
住居表示	西尾久8-18-10			
価格(円/m²)	442,000(円/m²)	交通施設、距離	荒川遊園地前、350m	
地積(m²)	110(m²)	形状（間口：奥行き）	(1.5:1.0)	
利用区分、構造	建物などの敷地、LS（軽量鉄骨造）3F			

(2)「詳細表示」を押す。

国土交通省地価公示				詳細を閉じる↓
標準地番号	荒川-1	調査基準日	令和4年1月1日	
所在及び地番	東京都荒川区西尾久8丁目294番90　地図で確認する			
住居表示	西尾久8-18-10			
価格(円/m²)	442,000(円/m²)	交通施設、距離	荒川遊園地前、350m	
地積(m²)	110(m²)	形状（間口：奥行き）	(1.5:1.0)	
利用区分、構造	建物などの敷地、LS（軽量鉄骨造）3F			
利用現況	共同住宅	給排水等状況	ガス ・ 水道 ・ 下水	
周辺の土地の利用現況	一般住宅、アパート等が建ち並ぶ住宅地域			
前面道路の状況	東　4.5m　区道	その他の接面道路		
用途区分、高度地区、防火・準防火	第一種住居地域、準防火地域	建ぺい率（%）、容積率（%）	60(%) 300(%)	
都市計画区域区分	市街化区域			
森林法、公園法、自然環境等				
鑑定評価書	詳細表示			

(3)「周辺の土地の利用の状況」を確認。

<table>
<tr><td colspan="7">1　基本的事項</td></tr>
<tr><td>(1)価格時点</td><td>令和4年1月1日</td><td>(4)鑑定評価日</td><td>令和4年1月10日</td><td rowspan="2">(6)
路線価</td><td>［令和3年1月］
路線価又は倍率</td><td>360,000 円／㎡</td></tr>
<tr><td>(2)実地調査日</td><td>令和3年12月25日</td><td>(5)価格の種類</td><td>正常価格</td><td>倍率種別</td><td>倍</td></tr>
<tr><td>(3)鑑定評価の条件</td><td colspan="6">更地としての鑑定評価</td></tr>
</table>

<table>
<tr><td colspan="9">2　鑑定評価額の決定の理由の要旨</td></tr>
<tr><td rowspan="3">(1)
標準地</td><td colspan="2">①所在及び地番並びに「住居表示」等</td><td colspan="5">荒川区西尾久8丁目294番90
「西尾久8－18－10」</td><td>②地積
（㎡）（　　　）</td><td>110</td><td rowspan="3">⑨法令上の規制等

1住居
(60,300)
準防
（その他）
高度地区3種
最低敷地60㎡

(70,180)</td></tr>
<tr><td>③形状</td><td>④敷地の利用の現況</td><td colspan="2">⑤周辺の土地の利用の状況</td><td>⑥接面道路の状況</td><td>⑦供給処理施設状況</td><td colspan="2">⑧主要な交通施設との接近の状況</td></tr>
<tr><td>1.5:1</td><td>共同住宅
LS3</td><td colspan="2">一般住宅、アパート等が建ち並ぶ住宅地域</td><td>東4.5m区道</td><td>水道、ガス、下水</td><td colspan="2">荒川遊園地前
350m</td></tr>
<tr><td rowspan="5">(2)
近隣地域</td><td>①範囲</td><td colspan="4">東　　20ｍ、西　　20ｍ、南　　20ｍ、
北　　40ｍ</td><td colspan="2">②標準的使用</td><td>低層住宅地</td></tr>
<tr><td>③標準的画地の形状</td><td colspan="4">間口　約　13.0ｍ、奥行　約　8.5ｍ、規模</td><td colspan="3">110㎡程度、形状　長方形</td></tr>
<tr><td>④地域的特性等</td><td>特記事項</td><td>特になに</td><td>街路</td><td>基準方位北　4.5
ｍ区道</td><td>交通施設</td><td>荒川遊園地前駅北西方
350m</td><td>法令規制</td><td>1住居
(70,180)
準防
高度地区3種
最低敷地60㎡</td></tr>
<tr><td>⑤地域要因の将来予測</td><td colspan="8">低層の住宅地域として熟成しており、当面は概ね現状と同様に推移するものと思料する。</td></tr>
</table>

41

c　環境条件

　(a)　自然的状態

　　概ね平坦

　(b)　供給処理施設の状態

　　水　　道：上水道

　　下水道：公共下水道

　　ガ　ス：都市ガス

　(c)　危険・嫌悪施設、自然的災害、公害

　　墨田区水害ハザードマップによると荒川の氾濫時（荒川流域で 72 時間に 632 mm の降雨があった場合）の浸水想定は 1.0 m 以上〜3.0 m 未満の浸水が予想される地域に指定されている。

　(d)　土地利用の状況

　　戸建住宅、共同住宅、事業所が建ち並ぶ住宅地

d　行政的条件

　用途地域等：近隣商業地域、防火地域、35 m 高度地区）、最低限高度地区

　指定建蔽率：80 %

　指定容積率：300 %

　基準建蔽率：80 %

　基準容積率：300 %

e　その他の条件

　特にない

自然的状態

　傾斜がある場合は「南東方向に緩傾斜」等の記載をします。方向（方位）は前面道路に球を置いたときに転がっていく方向を記載しましょう。

供給処理施設の状態

　インフラの整備状況は価格に影響してくるので必ず記載しましょう。上水道がなく井戸水がある場合には、市場参加者（エンドユーザー）は懸念要素になるので減価要因になります。下水道がなく浄化槽等で対応している場合にはエリア全体で下水道が整備されていないこともあります。この場合には地域全体が浄化槽のエリアのため、市場参加者（エンドユーザー）の意思決定要素に含まれず減価要因にならないことも想定されます。ガスについては、都市ガスが整備されていないとプロパンガスになることが一般的です。この場合もエリア全体がプロパンガスのエリアなのか、対象不動産のみ整備されていないのかを確認した上で、増減価の判断をしましょう。

行政的条件

　基準建蔽率・容積率は建物設計では重要な部分になるので明記しましょう。容積率の概念は以下のとおり違いがあるので、区別して記載することが必要です。

指定容積率：都市計画により定められる容積率。

基準容積率：建築基準法52条1項、2項及び3項の規定による容積率。すなわち、
　　①指定容積率②前面道路の幅員による容積率制限及び特定道路までの距離による
　　緩和（前面道路の幅員が12ｍ未満である場合においては当該道路幅員×(4/10
　　or 6/10))にて算出される制限③敷地が2以上の容積率の異なる制限地域にまた
　　がる場合における、加重平均によって算出する容積率。

使用可能容積率：最有効使用の容積率。例えば、最有効使用が賃貸アパートの場合
　　には一般的には容積率を最大限消化することが望ましいですが、斜線制限や高さ
　　制限等により容積率を全て消化できない場合があります。使用可能容積率は土地
　　残余法を使う場合に想定建物価格に影響するため評価に当たっては注意が必要で
　　す。

③　将来動向等

　対象不動産は戸建住宅、共同住宅、事業所等が建ち並ぶ地域に存する。対象不動産の存する地域は駅からの接近性が良好で、都心へのアクセスが良好なことから、近年は古い事業所等が取り壊され共同住宅等が建築される。したがって、今後は住宅地としての色彩を強めていくと推測する。

④　標準的使用及び標準的画地

a　標準的使用

　中層事務所付共同住宅地

b　標準的画地

　対象不動産が東側で接道する区道沿いの間口 10 m、奥行 15 m、規模 150 m² の長方形地である。

【標準的画地】

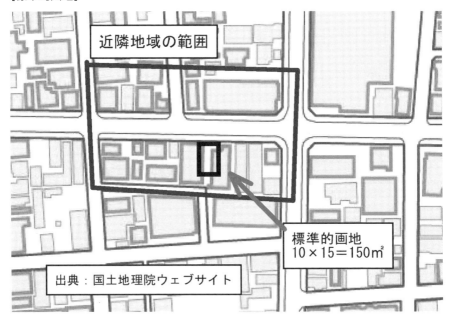

近隣地域の範囲

標準的画地
10×15＝150㎡

出典：国土地理院ウェブサイト

将来動向等

　古い事業所と住宅が混在している地域は、最有効使用を住宅地と判断した根拠が必要となります。なぜなら、近隣地域には住宅も事務所も建築されているのに、どうして住宅地を最有効使用と判断したのか明確にする必要があるからです。したがって、将来動向として「混在地域であるが、将来的には住宅地の色彩を強めていく」と記載すると最有効使用の根拠が明確になり、丁寧な評価書になります。これは標準的使用を判断した理由にも繋がります。

〈記載例〉

○戸建住宅、共同住宅が建ち並ぶ地域で、地域内においては特段の変動要因がないことから、当分は現状を維持すると予測する。

○対象不動産は共同住宅、事業所、倉庫等が混在する地域に存する。対象不動産の存する地域は駅からの接近性が良好で、都心へのアクセスが良好なことから、近年は古い倉庫等が取り壊され共同住宅等が建築される。したがって、今後は住宅地としての色彩を強めていくと推測する。

〈鑑定評価基準抜粋〉

　不動産の属する地域は固定的なものではなく、地域の特性を形成する地域要因も常に変動するものであることから、地域分析に当たっては、対象不動産に係る市場の特性の把握の結果を踏まえて地域要因及び標準的使用の現状と将来の動向とをあわせて分析し、標準的使用を判定しなければならない。

標準的使用及び標準的画地

〈記載例〉

　低層戸建住宅地、３階程度の戸建住宅地、低層共同住宅地

　標準的使用は「階数」と「利用方法」を明記し具体的にしましょう。標準的画地は実際にある画地を採用する必要はなく、想定の画地で問題ありません。左図のように近隣地域の標準的な画地で設定しましょう。

3 個別分析

(1) 対象不動産の状況

① 近隣地域における位置

近隣地域の北方に位置する。

② 土地の状況

a 街路条件

（詳細に記載する場合）

東側が現況幅員約 6.0 m の完全舗装区道○○線（建築基準法 42 条 1 項 1 号）に等高に接面する中間画地である。

（近隣地域の標準的画地と同じ場合）

近隣地域の標準的画地と同じである。

b 交通・接近条件

（詳細に記載する場合）

(a) 最寄り駅への接近性

JR 総武線「○○」駅

近隣地域の中心まで：北東方へ徒歩で約 11 分

(b) 都心への接近性

最寄り駅から「東京」駅まで約○分

（近隣地域の標準的画地と同じ場合）

近隣地域の標準的画地と同じである。

c 環境条件

（詳細に記載する場合）

(a) 自然的状態

地勢は平担

(b) 供給処理施設の状態

水　道：上水道

下水道：公共下水道

ガ　ス：都市ガス

（近隣地域の標準的画地と同じ場合）

近隣地域の標準的画地と同じである。

〈鑑定評価基準〉

　近隣地域の特性は、通常、その地域に属する不動産の一般的な標準的使用に具体的に現れるが、この標準的使用は、利用形態からみた地域相互間の相対的位置関係及び価格形成を明らかにする手掛りとなるとともに、その地域に属する不動産のそれぞれについての最有効使用を判定する有力な標準となるものである。

個別分析

　実務上は、標準的画地と対象不動産の土地の状況はほぼ同じように設定することが多いです。その場合の土地の状況の記載は「近隣地域の標準的画地と同じである。」と省略することも可能です。これは、例えば標準的画地と対象不動産の駅距離が異なる場合には個別格差修正率で「駅からの距離＋○％」と格差をつける必要があり、煩雑になってしまうためです。冗長になりがちな鑑定評価書はできるだけシンプルにしましょう。

〈鑑定評価基準〉

　不動産の価格は、その不動産の最有効使用を前提として把握される価格を標準として形成されるものであるから、不動産の鑑定評価に当たっては、対象不動産の最有効使用を判定する必要がある。個別分析とは、対象不動産の個別的要因が対象不動産の利用形態と価格形成についてどのような影響力を持っているかを分析してその最有効使用を判定することをいう。

d　行政的条件

（詳細に記載する場合）

用途地域等：近隣商業地域、防火地域、35 m 高度地区、最低限高度地区

指定建蔽率：80 ％

基準建蔽率：80 ％

指定容積率：300 ％

基準容積率：300 ％

日影規制（4 m・5 h–3 h）

（近隣地域の標準的画地と同じ場合）

近隣地域の標準的画地と同じである。

e　画地条件

間　口：約 7.2 m

奥　行：約 10 m

規　模：72 m²

形　状：長方形地

接面道路との関係：中間画地

東側約 7.2 m が幅員約 6 m の舗装区道に等高に接面

③　埋蔵文化財の有無及びその状態

　　○○教育委員会への聴取によると、対象不動産及びその周辺地域は文化財保護法の周知の埋蔵文化財包蔵地に該当していない。

画地条件

画地条件は標準的画地と異なるため、詳細に記載しましょう。

埋蔵文化財の有無及びその状態

埋蔵文化財包蔵地に該当する場合は詳細調査を行う必要があります。特に埋蔵文化財包蔵地や後述の土壌汚染については、不動産鑑定士の通常の調査では不動産の価格への影響の程度を判断するための事実確認が困難なことが多いため、調査範囲等条件により考慮外として評価することも視野に入れておくことが重要です。例えば、教育委員会に確認すると、①過去に試掘調査をしたか、②試掘調査をした場合、何か出土があったか、③建物を新築する場合に試掘発掘調査が必要か等の内容を聞くことができます。そういったヒアリング内容を評価書に記載した上で、埋蔵文化財についても十分調査しましょう。埋蔵文化財包蔵地の調査フローについては下記を参照してください。

〈埋蔵文化財包蔵地に該当する場合の記載例〉

対象地は周知の埋蔵文化財包蔵地（○○遺跡）に該当している。○○市教育委員会によれば、対象地では○年○月に試掘調査を行っており、その際に出土はなかったとのことである。また、建物建築の際には現在と同程度掘削を行う場合には試掘調査や発掘調査は不要になる可能性が高いとのことである。現在の対象建物はRC造14階の建物が建築されており、土地としての最有効使用と一致することから、建物新築する際の埋蔵文化財に係るリスクは限定的なものと判断した。

〈鑑定評価基準〉

文化財保護法で規定された埋蔵文化財については、同法に基づく発掘調査、現状を変更することとなるような行為の停止又は禁止、設計変更に伴う費用負担、土地利用上の制約等により、価格形成に重大な影響を与える場合がある。埋蔵文化財の有無及びその状態に関しては、対象不動産の状況と文化財保護法に基づく手続きに応じて次に掲げる事項に特に留意する必要がある。

① 対象不動産が文化財保護法に規定する周知の埋蔵文化財包蔵地に含まれるか否か。② 埋蔵文化財の記録作成のための発掘調査、試掘調査等の措置が指示されているか否か。③ 埋蔵文化財が現に存することが既に判明しているか否か

（過去に発掘調査等が行われている場合にはその履歴及び措置の状況）。④　重要な遺跡が発見され、保護のための調査が行われる場合には、土木工事等の停止又は禁止の期間、設計変更の要否等。

【埋蔵文化財包蔵地フロー図】

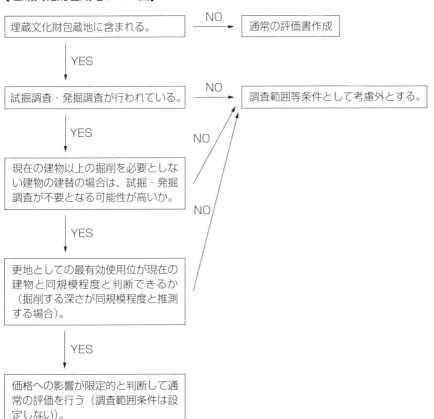

④　土壌汚染の有無及びその状態

　下記の資料調査結果に基づき、土壌汚染が対象不動産の価格形成に大きな影響を与えることはないと判断した。

　a　古地図調査結果

　　対象不動産の土地閉鎖登記簿によると、宅地の登記簿地目及び個人の所有者名を確認し、過去の住宅地図によると昭和〇年は小規模店舗の敷地に供され、同〇年には空地となり、同〇年以降現在の店舗の敷地に供されている。

　b　公的資料調査結果

　　土壌汚染対策法に規定される要措置区域及び形質変更時要届出区域の指定はなされておらず、水質汚濁防止法及び下水道法に基づく有害物質使用特定施設を設置する特定事業場にも該当しないため、対象不動産は有害物質の使用の形跡は認められず、土壌汚染が存在することを示す端緒は発見されなかった。

　c　隣接地及び周辺地

　　隣接地及び周辺においても土壌汚染が懸念される施設は存しない。

⑤　その他（地下埋設物・越境物等）

　実地調査において目視可能な範囲で隣接地からの越境は見受けられなかった。また、過去の住宅地図によると、対象不動産は昭和〇年頃には空地で、昭和〇年以降は低層住宅が建築されている。その後の平成〇年頃に現在の建物が建築され現在に至っている。対象地の最有効使用は戸建住宅地であるため最有効使用を実現するために支障となるような地下埋設物は存しないと推察する。また、隣接地からの越境物はない。

⑥　標準的画地と比較した増減価要因

　特にない

⑦　土地の最有効使用の判定

　対象地の最有効使用は、立地条件及び形状・規模等の個別的要因から、近隣地域の標準的使用と同じ〇〇と判定した。

土壌汚染の有無及びその状態

　土地について、現在又は過去に土壌汚染が存する場合にはその影響を不動産の価格に織り込まなければなりません。具体的には、現在の所有者が建物をクリーニング屋や塗料工場、製錬所として利用しており、土壌汚染が生じている場合（可能性がある場合）や、過去に薬品関係の企業が事務所を構えており汚染物質を流すような建物が存した場合には、役所調査や地歴調査を行うことにより、汚染可能性を十分に把握する必要があります。鑑定評価に当たって特に注意しなければならないのは以下のとおりです。

- ・土壌汚染対策法に規定する要措置区域、形質変更時要届出区域等に該当しないか。
- ・現在の建物だけではなく、過去に土壌汚染の起因となる建物が存していないか。
- ・土壌汚染の対策工事を行っている場合にも心理的嫌悪感による土地価値の下落は発生する。
- ・隣地において土壌汚染を促すような建物が存しないか。

　なお、土壌汚染が存していた場合に、汚染土壌を除去したからといって価値の下落がなくなるわけではありません。土壌汚染があったという事実は不動産購入者に心理的嫌悪感を与え需要を減らす（価格を下落させる）要因にもなるからです。大阪市北区の大阪アメニティパークで土壌汚染の対策工事を行っていたにもかかわらず、これを購入者に説明していなかったとして三菱マテリアル、大林組、三菱地所等が行政処分を受けた事例があるので紹介します。土壌汚染は物理的要因のみならず心理的要因にも作用されるということだと根拠付ける事例でもあります（行政処分：OAPの土壌汚染問題で大林組や三菱地所など5社を処分、国土交通省（https://nfm.nik-keibp.co.jp/atcl/fa/free/news/20060614/129962/））。

○価格への影響

〈査定方法〉

【土地を考慮する場合】

土壌汚染を考慮しない土地価格	−	個別格差修正率で土壌汚染による減価を反映 ・土壌汚染による減価土壌汚染の除去・対策に要する費用 ・心理的要因による減価	=	土地価格

【土地建物一体としての市場性を考慮する場合】

| 土地建物一体の価格 | × | 市場性修正率（土壌汚染による減価を反映） | = | 積算価格 |

　汚染土壌の除去・対策に要する費用については、土壌の搬出費用を見積もればある程度の費用は算定することが可能です。心理的要因による減価というのはエリアによって大きく左右されます。例えば、タワーマンションが建築されるような住宅地ならば、入居者は敏感に反応すること、心理的減価は大きいことが予測され、一方で工場が建ち並ぶ地域においては、建物が物流倉庫で人の出入りが少ないことから心理的減価は（住宅地と比較して）小さくなることが予測されるでしょう。

○調整方法

役所調査：要措置区域、形質変更時要届出区域、特定施設の届出の確認を行います。

地歴調査：古地図や閉鎖謄本による建物利用の履歴を確認。古い地図や閉鎖謄本には
　　　　従前の建物所有者や会社名の記載があるので、○○鉄工所や○○薬局(株)等の記載
　　　　があれば土壌汚染の可能性が懸念されます。

ヒアリング：所有者からは建物使用時に土壌汚染の起因となる物質を使用していない
　　　　かだけではなく、土壌調査を行った履歴がないか等の聴取も行う必要があります。

その他（地下埋設物・越境物等）

　地下埋設物とは具体的には従前の建物の杭が残っている場合等が挙げられます。このような既存杭の扱いは議論になることが多く、また地域ごとに取扱いが異なるため、自治体の判断を確認する必要があります。

　地下埋設物については一般社団法人日本建設業連合会が発行している「既存地下工作靴の取扱いに関するガイドライン」（https://www.nikkenren.com/kenchiku/pdf/underground_guidline.pdf）が細かく説明しているため、参考にするとよいでしょう。

(2) 建物

　① 建物概要

　　a 新築年月日

　　　平成 13 年 11 月 28 日

　　b 構造

　　　鉄骨造陸屋根 3 階建

　　　昭和 56 年 6 月に施行された新耐震設計法に準拠して建築されている。

　　　（新耐震基準の場合）

　　　昭和 56 年 6 月に施行された新耐震設計法に準拠して建築されている。

　　　（旧耐震基準の場合）

　　　昭和 56 年 6 月の新耐震設計法施行前の建物であるが、株式会社〇〇作製の「〇〇耐震補強工事」によると、耐震診断に基づいて、平成〇〇年に耐震補強工事を行っている。

　　c 用途

　　　事務所・共同住宅

　　d 床面積

　　　延 163.94 m²

　　e 天井高

　　　標準階 2.7 m

　　f 配置等

　　　1 階は駐車場及び事務所 1 戸、2・3 階は単身者向けの居宅が 4 戸配置されている。住宅部分の専有面積は 20 m² 程度の 1R、事務所については 40 m² 程度となっている。

　② 設備概要

　　電気、空調、給排水設備あり、エレベーターなし。

　　事務所部分は OA フロア、個別空調となっている。

　③ 仕上げ概要

　　外部：屋根（アスファルト防水、押えコンクリート等）、外壁（パネル等）

　　内部事務所部分：壁面（石膏ボード下地、塗装・クロス貼）、

　　　　　　　　　　天井（石膏ボード）、床面（OA フロア、タイルカーペット）

構造

旧耐震基準とは昭和 25 年に施行され昭和 56 年 5 月まで運用された耐震基準です。その基準は「10 年に 1 度発生すると想定される震度 5 強程度の地震に対して家屋が倒壊・崩壊しない」というものでした。新耐震は昭和 56 年 6 月から現在まで運用されている基準です。新耐震基準は「震度 5 強の地震で、家屋がほとんど損傷しない」、「震度 6 強〜7 程度の地震で、家屋が倒壊・崩壊しない。但し多少の損傷は許容」というものです。

旧耐震、新耐震の判断は建築確認日が昭和 56 年 6 月以降になっているかを確認する必要があります。すなわち登記簿上の新築年月日が昭和 56 年 10 月となっている場合でも、建築確認日が昭和 55 年 10 月となっていれば、旧耐震基準で建てられている可能性が高いと判断できます。建築確認日は建築計画概要書を取得することにより確認できます。

表 題 部	（主である建物の表示）	調製	平成2年2月22日		不動産番号	0117000288747
所在図番号	余白					
所 在		番地11			余白	
家屋番号					余白	
① 種 類	② 構 造	③ 床 面 積 ㎡			原因及びその日付〔登記の日付〕	
工場事務所	鉄骨造亜鉛メッキ鋼板葺2階建	1階 235：98 2階 222：30			余白	
余白	余白	余白	：		昭和63年法務省令第37号附則第2条第2項の規定により移記 平成2年2月22日	
余白	余白	余白	：		昭和57年8月7日新築 〔平成11年1月12日移記〕	
事務所・車庫	鉄骨造亜鉛メッキ鋼板ぶき3階建	1階 235：98 2階 235：98 3階 235：98			③平成3年11月1日増築 ①②③平成5年4月1日変更、増築 〔平成28年10月19日〕	

上記のように登記簿上、昭和 57 年 8 月となっていても新耐震とは確定できないため、必ず建築計画概要書を取得しに行き、建築確認日を確認することが重要です。

○価格への影響

旧耐震の場合は、①耐震強度を懸念する購入者の心理的減価、②住宅ローンを受けづらくなることによる市場性の減価等が考えられます。実務上は旧耐震のため「減価率−○○％」とはしないものの、潜在的に価格へ影響していることは頭に入れておくとよいでしょう。

④ 使用資材の品等

中位

⑤ 施工の質及び量

質及び量ともに戸建住宅として標準的である。なお、対象建物は平成○年○月○日第＊＊号の確認済証、平成○年○月○日第＊＊号の検査済証を得ている。

⑥ 維持管理の状態

維持管理の状態はおおむね普通である。

⑦ 有害な物質の使用の有無及び状態

アスベスト含有吹付け材については、設計図による調査、実地調査時の建物の外観調査及び依頼者等へのヒアリング調査を行った結果、その使用は認められなかった。また竣工時期からもアスベスト含有吹付け材がある可能性は小さいと考えられる。PCBについては、実地調査時の建物の外観調査及び依頼者等へのヒアリング調査を行った結果、その使用及び保管はない。公的資料調査によると、ポリ塩化ビフェニル廃棄物の適正な処理の推進に関する特別措置法による「ポリ塩化ビフェニル廃棄物の保管及び処分状況等届出書」は提出されていない。

⑧ 経済的残存耐用年数

躯体部分：28年（耐用年数50年）

仕上げ部分：8年（耐用年数30年）

設備部分：5年（耐用年数15年）

⑨ その他（特記すべき事項）

ない

用途

　登記簿上の種類と現実の用途を確認した上で記載しましょう。登記簿上と実際の用途が異なる場合には「登記簿の種類は居宅であるが、現在は事務所として利用されている。」と詳細に記載しましょう。ここでいう登記簿の種類とは不動産登記規則113条及び不動産登記準則80条で明記されているため、確認しておくとよいでしょう。

　規則113条（建物の種類）

　　建物の種類は、建物の主な用途により、居宅、店舗、寄宿舎、共同住宅、事務所、旅館、料理店、工場、倉庫、車庫、発電所及び変電所に区分して定め、これらの区分に該当しない建物については、これに準じて定めるものとする。

　2　建物の主な用途が二以上の場合には、当該2以上の用途により建物の種類を定めるものとする。

　準則80条（建物の種類の定め方）

　　規則113条1項に規定する建物の種類の区分に該当しない建物の種類は，その用途により，次のように区分して定めるものとし，なお，これにより難い場合には，建物の用途により適当に定めるものとする。

　校舎，講堂，研究所，病院，診療所，集会所，公会堂，停車場，劇場，映画館，遊技場，競技場，野球場，競馬場，公衆浴場，火葬場，守衛所，茶室，温室，蚕室，物置，便所，鶏舎，酪農舎，給油所

　　建物の主たる用途が2以上の場合には，その種類を例えば「居宅・店舗」と表示するものとする。

　種類の定義の代表的なものは以下のとおりになります。詳しくは「表示登記教材建物認定（3訂版）」に記載がありますので参考にしてください。

(1) 居宅

　専ら居住の用に供される建物です。貸家として建築したもの、会社の社宅や従業員用住宅なども「居宅」として取り扱います。個人の所有する避暑又は避寒用の別荘や山荘も「居宅」とします。

(2) 共同住宅

　居宅の用に供される建物のうち、一棟の建物の内部が数個の部分に区画され、それぞれが独立して人の生活の用に供しうる構造を備えているものを「共同住宅」とします。いわゆるアパート、マンションといわれる建物のほか、棟割長屋式の建物など、構造上区分所有の建物の要件を充たしている一棟の建物の全体を1個の建物として登記する場合に「共同住宅」とすることになります。

(3) 寄宿舎

　社員寮や学生寮などは、多数の者が居住し、食堂、浴室、洗面所、便所等の共用又は一部を共用する形で共同生活をし、各個の居住単位の区画内で独立した生活を営むことができないもので、生活の共同性が極めて高いものです。それで、共同住宅と区別し、「寄宿舎」とするものとしています。

(4) 天井高

　自宅購入の経験がない不動産鑑定士は天井高を軽視しがちですが、購入検討しているエンドユーザー側としては印象を受けやすい部分であるので、しっかりと記載しましょう。天井高は高いと広く感じ、陽も入りやすく、収納力も増します。近年は（マンションと戸建によって差異がありますが）2.5m程度が標準、2m前半だと少し低いといった印象でしょうか。一度、自宅の天井高を測ってみましょう。

施工の質及び量

(1) 概要

　建築計画概要書（確認済証、検査済証）は建物が適法に建てられているかを確認する重要な資料です。不動産鑑定士でも検査済証をチェックしない人がいますが、建築計画概要書にてまず確認するところは検査済証の有無でしょう。

(2) 確認済証・検査済証について

　家を建てるには、建築基準法に従い建物設計を行う必要があります。建築確認とは工事着工前に、適法に設計されているかのチェックを受けることをいいます。この時に問題がなければ交付されるのが確認済証です。確認済証の交付時点では建物は建築

されていませんが、あくまで設計段階の図面に役所から承認を得たものです。

　そして、建物建築後に設計どおりに建築されているかチェックするものが完了検査になります。この完了検査で問題ない時に交付されるのが検査済証です。検査済証の交付までの流れは下図のとおりです。

　不動産に精通している人であれば、検査済証を受けていない建物だと、まずは違反建築物であるかを疑うでしょう。これは意図的に検査済証を受けていない可能性があるからです。確認済証というのは、あくまで設計図を役所に提示すれば申請は通るもので、その後検査済証を受けなければ、当初の設計図と違う建物を建ててもばれなかった時期があります。すなわち、法令違反をして高い建物を建築することも可能であり、住宅用途として制限されているエリアでも事務所を建てる業者もいました。そして、役所は確認する慣習がなかったため、法令違反の建物がまかり通っていました。近年では検査済証を受けている建物がほとんどですが、昭和60年頃（もしくはそれ以前）においては確認済証のみの交付を受け、検査済証の交付を受けなかった建物が一定数存在しました。不動産の価値を下げる要因になるので、十分注意が必要でしょう。

【建物建築の流れ】

建物の基本設計　→　建築確認申請書の提出　→　確認済証の交付　→　着工　→　工事完了　→　完了検査　→　検査済証の交付

（3）価格への影響

　現在では、検査済証が交付されていない建物については銀行から融資を受けられない（担保価値として認められない）ケースがほとんどです。不動産購入は金額が大きい取引になるため銀行からの融資を受けることが一般的です。すなわち、良い物件と思っていざ契約に進んでも融資を受けられないと、そもそも購入できないことになります。また購入時はキャッシュで購入したとしても、当該不動産を売却する場合、買手の融資が引けないため購入者が見つからないことはよくあることです。都内で割安物件で出てくるものは検査済証を受けておらず違法建築物のため融資が引けない物件ということがよくあるので検査済証の確認は必ず行いましょう。

（4）調査方法

　基本的には役所に行けば建築計画概要書等の資料を一式確認することができます。ただし、役所によっては資料が整理されておらず、（実際はあるのに）概要書が見当たらない場合もあります。このような場合には所有者に概要書を持っているかどうか確認する必要があります。

有害な物質の使用の有無及び状態

（1）概要

　アスベストの処理費用について、税務上は資産除去債務として計上することもありますが、実務上は建物解体費用を増幅させ、飛散防止の措置費用が必要になる等、追加費用がかかることから、不動産価格に直接的に影響するものです。アスベストの取扱いについては法規制が年々厳しくなっており、十分留意する必要があるため、アスベストの存否の把握から価格への反映方法について具体的に説明します。

（2）アスベストの判定方法

　平成18年9月1日以降に建物着工している場合にはアスベストの可能性は低いと判断します。なぜならば、平成18年9月1日以降は労働安全衛生法施工令改正によりアスベスト含有建材の製造等が原則として禁止（アスベスト含有率が0.1％を超えるものの製造、輸入、譲渡、提供、使用が全面禁止）されているからです。

（3）価格への影響

　アスベストが存する不動産を購入する場合には購入する不動産の利用方法（最有効使用）を判断した上でアスベストによる減価を考慮する必要があります。

〈最有効使用の判断〉

　不動産購入時に下記のいずれが最適かを判断します。

　①建物を取り壊して更地とする場合

　②建物を一部改修（リフォーム等）して継続利用する場合

　③建物を継続利用する場合

（4）査定方法

① 建物を取り壊して更地とする場合

　不動産を購入する場合で、建物が古く購入後に建物取壊しを想定する場合には、土地価格から建物取壊費用を控除することになります。さらに、アスベストの除去費用を加算して計算することになり、計算方法は以下のとおりです。

| 土地の価格 | － | 建物取壊費用 | － | アスベスト除去費用 | ＝ | 不動産価格 |

② 建物を一部改修（リフォーム等）して継続利用する場合

　リフォーム後の土地建物価格から建物改修に要する費用及びアスベスト飛散防止等の措置に要する費用を控除します。

| 現況の
土地建物価格 | － | 建物改修費用 | － | アスベスト飛散防止等
の措置に要する費用 | ＝ | 不動産価格 |

③ 建物をそのまま継続利用する場合

　アスベストの飛散可能性がない建物については、価格時点においては飛散防止の措置等に要する費用はかかりません。すなわち、通常の評価方法で査定します。しかし、購入後の建物改修工事の際にアスベスト飛散防止等の措置に要する費用がかかるため、工事費が通常よりかさむことも念頭に置く必要があります。当該部分を反映するとしたら収益還元法における修繕費等を少し多く計上する等して価格に反映すべきでしょう。

（5）アスベストの除去費用

　国土交通省が公表しているアスベスト含有吹付材の処理費用（1 m² 当たりの単価）の目安としては以下のとおりです。

［アスベスト除去 1 m² 当たりの費用の目安］

・処理面積 300 m² 未満の場合：2万～6万円

・処理面積 300 m²～1,000 m² の場合：1万 5,000～4万円

・処理面積 1,000 m² 以上の場合：1万～2万 5,000 円

---

(3) 建物及びその敷地

① 建物等とその敷地との適応の状態

　対象建物の用途は土地の最有効使用と同じ3階程度事務所付共同住宅であり、敷地と適応し、環境と適合している。

② 賃貸経営の良否

a　賃借人の状況及び賃貸借契約の内容及び貸室の稼働状況

番号	タイプ	賃借人	賃貸面積	月額支払賃料	月額共益費	賃料単価 （共込）	敷　金
201	1R	賃貸中	27.80 m²	75,000 円	0 円	2,698 円/m²	0 円
202	1R	賃貸中	27.80 m²	75,000 円	0 円	2,698 円/m²	0 円
301	1R	賃貸中	27.80 m²	75,000 円	0 円	2,698 円/m²	0 円
302	1R	賃貸中	27.80 m²	75,000 円	0 円	2,698 円/m²	0 円
101	事務所	賃貸中	44.54 m²	150,000 円	0 円	3,368 円/m²	0 円

b　修繕計画及び管理計画の良否並びにその実施の状態

　現在、大規模修繕に係る修繕計画はないが、建物の管理は○○株式会社に委託しており、建物の修繕が適時行われている。

(4) 対象不動産の市場分析

① 対象不動産に係る典型的な需要者層

　対象不動産は東京都中心部に通勤可能な交通利便性と生活利便性を有する事務所付共同住宅であり、投資用不動産に区分される。品等・規模等の個別性から、買い手としての典型的な需要者は、法人投資家である。

② 代替・競争関係にある不動産との比較における優劣及び競争力の程度

　対象不動産は、東京都中心部への通勤利便性に比較的優れるほか、周辺には学校、日用品店舗等の生活利便施設も徒歩圏内に充実している。築年数はやや経過しているものの、維持管理は適切に行われており代替競争関係にある不動産と比較し、相応の市場競争力を有すると判断する。

(5) 建物及びその敷地の最有効使用の判定

　対象建物は敷地とおおむね適応し、環境と適合しているため、最有効使用を現況どおり事務所付共同住宅と判断した。

建物等とその敷地との適応の状態

〈記載例〉
○戸建住宅（適応、適合の状態）

対象建物の用途は土地の最有効使用と同じ○階程度戸建住宅であり、敷地と適応し、環境と適合している。

○共同住宅（適応、適合の状態）

対象建物の用途は土地の最有効使用と同じで、実際使用容積率（397.8％）は指定容積率（約400％）をほぼ満たしており、敷地と適応し、環境と適合している。

○共同住宅（容積率未消化）

対象建物は高層事務所で、近隣地域の標準的使用及び対象地の最有効使用と同じであり、環境と適合している。敷地との適応状態については、実際使用容積率は約380％（建築確認済証による）と、指定容積率400％をやや充足していないが、地域の慣行、周辺の状況等を勘案すると妥当な水準で、敷地とおおむね適応している。

○敷地と不適応の場合（容積率未消化）

対象建物の用途は土地の最有効使用と同じ低層共同住宅であり、周辺環境とは適合しているものの、実際使用容積率（360％）が使用可能容積率（400％）を充足しておらず、敷地と不適応である。

○敷地と不適合、環境と不適応の場合（収益性が劣る）

対象不動産は共同住宅が建ち並ぶ住宅地域に存する、賃貸用オフィスビルである。容積率は充足しているものの、近隣地域は住宅地域としての色彩が強まっている住宅地域で、対象不動産のオフィスとしての収益性は劣るため敷地と不適合であり、環境と不適合である。

対象不動産に係る典型的な需要者層

「対象不動産→区分→購入目的→典型的な需要者」の順で記載すると読みやすいでしょう。

〈記載例〉

対象不動産	区分	目的	需要者
戸建住宅	自己使用不動産	自己使用	個人
低層共同住宅	投資用不動産	賃料収入の獲得	個人投資家
大規模な更地	販売用不動産	土地を区画割して建物建築した後販売	デベロッパー
高層共同住宅	投資用不動産	賃料収入の獲得	資金調達力を有する法人投資家
築50年の戸建	自己使用不動産	建物を取壊した後、自己使用建物を建築	個人

〈記載例〉
○戸建住宅

　対象不動産は東京都中心部に通勤可能な交通利便性と生活利便性を有する住宅地域に所在する戸建住宅であり、自己使用不動産に区分され、品等・規模等の個別性から、買手としての典型的な需要者は、自己使用を目的とした個人である。

○高層共同住宅

　対象不動産は高層賃貸マンションであり、投資用不動産に区分され、品等・規模等の個別性から、買手としての典型的な市場参加者は、資金調達力を有する法人投資家等である。

代替・競争関係にある不動産との比較における優劣及び競争力の程度

〈記載例〉
○戸建住宅

　対象不動産は、東京都中心部への通勤利便性に比較的優れるほか、周辺には学校、日用品店舗等の生活利便施設も徒歩圏内に充実している。築年数も浅く建物設備の老朽化等も存しないため、代替競争関係にある不動産と比較し、相応の市場競争力を有すると判断する。

○共同住宅

　代替競争等の関係にある不動産は、東京都中心部への通勤利便性が優れた単身者向

けの高層賃貸マンションである。対象不動産は、代替競争等の関係にある不動産と比べて、交通利便性や意匠性に優位性が認められ、市場競争力に優れる。

建物及びその敷地の最有効使用の判定

〈記載例〉
○最有効使用の状態の場合

　対象建物は敷地とおおむね適応し、環境と適合しているため、最有効使用を現況どおり共同住宅と判断した。

〈記載例〉
○容積率未消化だがおおむね最有効使用

　対象建物は高層事務所で、近隣地域の標準的使用及び対象地の最有効使用と同じであり、環境と適合している。敷地との適応状態については、実際使用容積率は約375％（建築確認通知書による）と、指定容積率400％をやや充足していないが、地域の慣行、周辺の状況等を勘案すると妥当な水準である。また建物を取り壊して最有効使用を実現する場合の投下資本（賃借人の立退費用、建物取壊費用、解体期間の機会損失）を考慮すると、既存建物を継続利用することが経済合理的であるため、最有効使用は現況利用を継続することと判断した。

〈記載例〉
○取壊し最有効使用

　対象不動産は共同住宅が建ち並ぶ住宅地域に存する、自社用オフィスビルである。近隣地域等はかつて○○県有数のオフィス街として地域を形成していた。近年は地域の衰退、人口の減少により古いオフィスビルは取り壊され共同住宅が建築されている。したがって対象不動産は周辺環境と不適合で、敷地と不適応である。以上により、建物及びその敷地としての最有効使用は、対象建物を取り壊し、更地化した後に賃貸アパートの建築を行うことであると判定した。

　建物及びその敷地の最有効使用の判断には、鑑定評価基準の内容が重要ですので参考にしましょう。特に以下は常に意識すべき内容ですので十分考慮して最有効使用の判断を行いましょう。

「近隣地域に存する不動産の標準的使用との相互関係を明らかにし判定することが必要であるが、対象不動産の位置、規模、環境等によっては、標準的使用の用途と異なる用途の可能性が考えられるので、こうした場合には、それぞれの用途に対応した個別的要因の分析を行った上で最有効使用を判定すること。」

「現実の建物の用途等が更地としての最有効使用に一致していない場合には、更地としての最有効使用を実現するために要する費用等を勘案する必要があるため、建物及びその敷地と更地の最有効使用の内容が必ずしも一致するものではないこと。」

「現実の建物の用途等を継続する場合の経済価値と建物の取壊しや用途変更等を行う場合のそれらに要する費用等を適切に勘案した経済価値を十分比較考量すること。」

敷地と不適合又は環境と不適応の場合は、必ず最有効使用の建物と比較し計算した上で最有効使用の判断を行いましょう。

○容積率未消化だがおおむね最有効使用・容積率未消化のため敷地と不適応だが継続使用とは

使用容積率

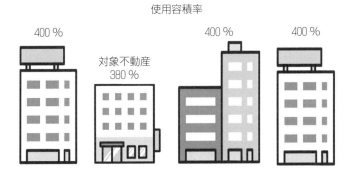

投資用の賃貸オフィスビル（マンション）で容積率を全て消化していない場合には容積率を消化していない分だけ家賃収入が減少することになります。したがってこの場合は最有効使用の建物（使用容積率400％）の建物を建て替えることが妥当なのかを判断し、現況継続と取壊しでいずれの経済価値が高いかを判断する必要があります。この場合は以下のとおり計算し、経済的価値の高い方が建物及びその敷地の最有効使用となります。

① 現実の建物の用途等を継続する場合の経済価値
　＝3手法を適用して経済価値を判定

② 建物を取り壊し更地化する場合の経済価値

　＝更地価格－取壊費用－賃借人の立退費用－解体中の機会損失 (※)

（※）解体することにより家賃収入が入ってこない等の機会損失

○取壊し最有効使用とは

　賃貸中のオフィスビルの場合は立ち退きに要する費用等を考慮すると現況継続利用が最有効使用となる場合が多いです。一方で自社用ビルの場合、そのような費用が発生しないため、築古のオフィスビルや戸建住宅の場合は取壊し最有効使用と判断される場合も少なくはありません。このようにかつてはオフィス街として地域を形成していたものの、近年は共同住宅が建築されている場合は、必ず将来動向を考慮する必要があります。

対象不動産
築古オフィスビル

〔Ⅱ〕評価

（評価方針）

　本件は貸家の建物及びその敷地の鑑定評価である。したがって原価法及び収益還元法を適用して鑑定評価額を決定する。

　なお、貸家の建物及びその敷地の取引事例は賃貸経営管理の良否等個別性が強く、比較可能な取引事例の収集は困難であるので、適用しない。

1　鑑定評価の手法の適用

(1) 原価法

①　再調達原価

ａ　土地

　　取引事例比較法を適用し、公示価格を規準とした価格との均衡にも留意の上、近隣地域の標準的使用における標準価格を求め、当該価格に対象不動産の個別格差率を乗じて対象地の更地価格を査定する。

　　なお、原価法については対象地が既成市街地に存し再調達原価の把握が困難なため、適用を断念した。収益還元法（土地残余法）については後に土地建物一体の収益価格を求めるので適用しない。

〈記載例〉

○戸建住宅の場合①

　本件鑑定評価に当たっては、対象不動産の種類、所在地の実情、資料の信頼性等に基づき、原価法による積算価格を標準に決定する。なお、取引事例比較法については、対象不動産との間に建物及びその敷地一体としての類似性を有する事例が存しなかったため、収益還元法については、近隣地域において戸建住宅の賃貸市場が成熟しておらず、賃料水準の把握が困難であったためそれぞれ適用を断念した。

○戸建住宅の場合②

　本件は、自己使用不動産に区分される最有効使用が低層戸建住宅である自用の建物及びその敷地である。したがって原価法による積算価格を試算の上、調整を行って鑑定評価額を決定する。なお、適切な要因比較を行い得る類似不動産の取引事例を市場より得ることが困難であるため、取引事例比較法は適用しない。また、近隣地域は収益性よりも居住に係る利便性・快適性を重視して価格形成される戸建住宅地域であることから、最有効使用及び市場参加者の観点から収益還元法は規範性に劣ると判断し適用しない。

○共同住宅の場合

　本件は貸家の建物及びその敷地の鑑定評価である。したがって原価法及び収益還元法を適用して鑑定評価額を決定する。

　なお、貸家の建物及びその敷地の取引事例は賃貸経営管理の良否等個別性が強く、比較可能な取引事例の収集は困難であるので、適用しない。

　戸建住宅の場合は原価法のみを適用して鑑定評価額を決定する場合が多いです。取引事例比較法は建物を比較することが困難です。なぜなら、建物は室内の設備（キッチン浴室トイレのグレード）や間取り（2LDKや3LDK等）が多種多様です。これらを細かく比較検討し、例えば「床が大理石なので＋10」といった個別性を反映することは非常に難しくなります。したがって取引事例比較法は不適用になります。また、収益還元法は戸建住宅の賃料想定をすることが難しく（そもそも戸建の賃貸事例は少

ないです）、また、賃貸取引事例があったとしても、投資用の戸建利回りの事例が少ないため、利回り査定が難しいでしょう。近年は DIY を前提とした戸建投資が散見されますが、市場が成熟していないため利回り水準も把握しづらく、特殊な市場参加者を前提に収益価格を査定することは規範性が高いとはいえません。したがって収益還元法も不適用とすることが多いです。

〈鑑定評価基準〉

　・鑑定評価の手法の適用

　鑑定評価の手法の適用に当たっては、鑑定評価の手法を当該案件に即して適切に適用すべきである。この場合、地域分析及び個別分析により把握した対象不動産に係る市場の特性等を適切に反映した複数の鑑定評価の手法を適用すべきであり、対象不動産の種類、所在地の実情、資料の信頼性等により複数の鑑定評価の手法の適用が困難な場合においても、その考え方をできるだけ参酌するように努めるべきである。

再調達原価　土地

　土地（建物及びその敷地）の再調達原価は通常の更地の評価を想定しましょう。更地の鑑定評価額は取引事例比較法に基づく比準価格、土地残余法による収益価格を関連づけて決定しましょう。さらに、再調達原価が把握可能な場合には積算価格も関連づけて決定し、土地面積が大きく、市場参加者がデベロッパーとなるような場合には開発法も比較考量しましょう。

○戸建素地の場合

　実務的には、土地残余法は適用せず取引事例比較法一本で土地価格を査定することが多いです。理由としては想定する市場参加者（エンドユーザー）の行動を想像すれば分かります。読者の皆さんが戸建の土地を購入する場合はどのように物件を探しますか？　おそらく SUUMO（スーモ）やアットホーム等の不動産サイトで周辺の土地を探して、「隣の駅だと 5,000 万円か」「近くで出ているけど少し狭くて 4,000 万円か」という思考を巡らせるでしょう。この時に収益を前提に価格を決めることはないかと思います。例えば「戸建を建築して賃貸した場合は家賃が○○円、周辺の利回り

は○○％だから…」というような思考を持つ人はいないでしょう。いたとしても最有効使用の判定上の留意点に記載の「良識と通常の使用能力を持つ人が採用するであろうと考えられる使用方法であること」とはいえません。

　また、土地の査定に当たって、実務上、原価法は適用しません。理論的には埋立地等の比較的新しい土地であって、埋め立てる際の再調達原価（○○円/m³）が想定できる場合には査定することになりますが、現実的には難しいです。また、上記の最有効使用の判定上の留意点からも適用しない方が望ましいという判断になります。私も実務で適用したことはないので安心してください。

　「近隣地域の標準的な土地の面積に比べて大きい場合等においては」開発法を適用します。この面積が大きい場合とはどの程度大きい場合なのか悩む人も多いと思います。これは「最低２区画に分譲できるか」を基準に考えましょう。２区画に分譲できる場合には小規模のデベロッパーが介入するケースがあります。一方で、多少規模が大きくても需要がある（区画割することにより需要が減る）エリアや、最低敷地面積の規制により区画割できない場合があります。迷った場合には役所調査、業者ヒアリング、周辺の取引状況を分析して、個人が購入する規模なのか、小規模デベロッパーが購入することになりそうか、適切に判断する必要があります。

【開発法不適用パターン】

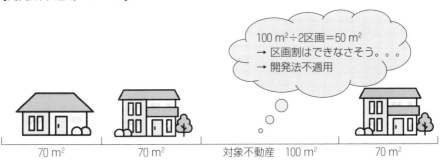

【開発法適用パターン】

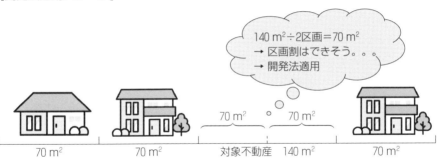

〈鑑定評価基準〉

更地

更地の鑑定評価額は、更地並びに配分法が適用できる場合における建物及びその敷地の取引事例に基づく比準価格並びに土地残余法による収益価格を関連づけて決定するものとする。再調達原価が把握できる場合には、積算価格をも関連づけて決定すべきである。当該更地の面積が近隣地域の標準的な土地の面積に比べて大きい場合等においては、さらに次に掲げる価格を比較考量して決定するものとする（この手法を開発法という。）。

(1) 一体利用をすることが合理的と認められるときは、価格時点において、当該更地に最有効使用の建物が建築されることを想定し、販売総額から通常の建物建築費相当額及び発注者が直接負担すべき通常の付帯費用を控除して得た価格

(2) 分割利用をすることが合理的と認められるときは、価格時点において、当該更地を区画割りして、標準的な宅地とすることを想定し、販売総額から通常の造成費相当額及び発注者が直接負担すべき通常の付帯費用を控除して得た価格なお、配分法及び土地残余法を適用する場合における取引事例及び収益事例は、敷地が最有効使用の状態にあるものを採用すべきである。

(a) 近隣地域の標準的使用における標準価格

　近隣地域の標準的使用における標準価格を、取引事例比較法を適用して求めた価格（ⅱ）を下記のとおり比較検討し、公示価格を規準とした価格（ⅰ）との均衡を十分に考慮して、800,000 円/m² と査定した。

（ⅰ）公示価格を規準とした価格

800,000 円/m²―別表①参照

（ⅱ）取引事例比較法を適用して求めた価格

750,000 円/m²～850,000 円/m²―別表①参照

　事例①は、建付地の事例であるが、配分法が適切に行われたと思料され、時点が比較的新しいことから、規範性が高い。

　事例②は、更地の事例であり、比較的新しく、地域性が類似することから規範性が高い。

　事例③は、建付地の事例であるが、配分法が適切に行われたと思料され、やや時点が古いものの地域性が類似することから一定の規範性を有する。

　事例④は、時点が古いが、建付地の事例であり、配分法が適切に行われたと思料され、地域性も比較的類似することから一定の規範性を有する。

　事例⑤は、建付地の事例であるが、配分法が適切に行われたと思料され、地域性が類似することから、規範性が高い。

　各取引事例について上記のような検討を行った結果、事例①、②、⑤を関連付け、事例③、④を比較考量し、近隣地域の標準的使用における標準価格を800,000 円/m² と査定した。

近隣地域の標準的使用における標準価格

　取引事例比較法の事例については、「取引事例等に係る取引等の事情が正常なものと認められるものであること又は正常なものに補正することができるものであること」「時点修正をすることが可能なものであること」「地域要因の比較及び個別的要因の比較が可能なものであること」の要件を充たさなければなりません。

○取引事例等に係る取引等の事情が正常なものと認められるものであること 又は正常なものに補正することができるものであること

　いわゆる買い進み、売り急ぎの事例は取引事例から排除すべきです。例えば所有者が破産したため競売等による特殊な事情（この場合は売り急ぎで相場より安く取引されることが多いです）がある場合、要因補正としては取引事例300,000円/m²×（1－事情補正20％）＝240,000円/m² といった補正をすることになります。ではこの20％はどのように査定したのでしょう。具体的に理論的に説明できる人は少ないと思います。あえて答えるなら「周辺相場と比較して20％ほど安かったため」となるのでしょうか。この回答だと、本来周辺相場を査定するための取引事例比較法が循環論になってしまいます。したがって、特殊な事情がある取引事例はできる限り採用・選択しない方がよいでしょう。採用したとしても重みづけとしては参考程度に留めておきましょう。

○時点修正をすることが可能なものであること

　時点修正率は地価公示をおっていくと価格推移が確認できます。時点修正率の確認の際によく使うサイトを下記に添付しておきますので参考にしてください。また、実務上は価格時点から3年以内程度の事例を収集選択することが多いです。地方で取引事例が少ない場合等には3年を超えて事例を収集・選択する場合もあります。

令和4年度1月時点地価公示　詳細　東京都　中央商29

番号	中央商29
所在	中央区銀座２丁目２番１９外
住居表示	銀座２－６－７
店舗名	
地積	353㎡
形状等	正方形　１：１　（間口：奥行き）
利用の現況	店舗兼事務所
建物構造	鉄筋コンクリート造（ＲＣ）　　８Ｆ　Ｂ１
周辺の土地の利用の現況	中高層の店舗、店舗兼事務所が建ち並ぶ商業地域
接道状況	南東　27m　国道
供給施設	水道・ガス・下水
最寄り駅	銀座一丁目
用途地域（建ぺい率、容積率）	商業（80、800★）
防火・準防火	市街化区域　防火地域
備考	

地価の推移

年次	地価	時点修正率
R4	39,100,000	▲2.0
R3	39,900,000	▲7.9
R2	43,300,000	+1.6
H31	42,600,000	+4.9
H30	40,600,000	+9.7
H29	37,000,000	+28.9
H28	28,700,000	+18.1
H27	24,300,000	+13.0
H26	21,500,000	+9.1
H25	19,700,000	→0.0
H24	19,700,000	▲2.5
H23	20,200,000	0
H22		0
H21	0	0
	0	0
	0	0
	0	0

（地価公示検索サイト：http://tokyokante.sakura.ne.jp/）

○地域要因の比較及び個別的要因の比較が可能なものであること

　地域要因の比較のためにはエリアを離れすぎないことや、できる限り同じ市区町村で事例を探すことがよいでしょう。ポイントとしては自分（又は市場参加者）が対象不動産を購入しようと思った時に、取引事例の地域も検討するかが指標になります。3,000万程度の戸建素地を探している場合に、最寄り駅の路線やエリアも全く違う地域で周辺相場が6,000万円程度地域を比較検討するでしょうか。このような場合には地域要因の比較は難しいので取引事例の選択から外した方がよいでしょう。

　また、個別的要因の比較に当たっては、対象不動産が共同住宅地（市場参加者：個人投資家）であるにもかかわらず、取引事例は開発素地（市場参加者：デベロッパー）の場合には個別的要因の違いにより市場参加者が異なります。この場合も取引事例の選択から外した方がよいでしょう。

b　対象不動産の土地価格

　標準価格に個別格差修正率を乗じて1m²当たりの単価を求め、これに数量を乗じて、比準価格を下記のとおり試算した。

・増減価要因がない場合　（※）本件鑑定評価は「ない場合」になります。

（ⅰ）個別格差修正率の査定

　標準的画地と比較した増減価要因はない。

・増減価要因がある場合

（ⅰ）個別格差修正率の査定

（増価要因）

　方位（＋2％）

　対象地は東側において接道しており、基準方位を北とした場合における、日照の面で居住の快適性が優る点を考慮した。

（減価要因）

　セットバック及び市道敷（－17％）

　対象地の一部が市道の敷地に供されており、また、セットバックが必要であることから、当該部分が建物の敷地等として利用できない点を考慮した。

（個別格差率）

方位	＋　2（1.02）
セットバック及び市道敷	－17（0.83）
相乗積	－15（0.85）

（ⅱ）対象不動産の土地価格の査定

① 標準価格 円/m²	② 個別格差修正率 ％	③ 単　　価 ①×② 円/m²	④ 数　　量 m²	⑤ 比準価格 ①×④ 円
800,000	100	800,000	72.42	57,900,000

対象不動産の土地価格

　地域要因の比較及び個別的要因の比較においては下図のようなイメージとなっています。鑑定評価基準上では「取引事例等に係る不動産が同一需給圏内の類似地域等に存するもの又は同一需給圏内の代替競争不動産である場合においては、近隣地域と当該事例に係る不動産の存する地域との地域要因の比較及び対象不動産と当該事例に係る不動産との個別的要因の比較」と「取引事例等に係る不動産が近隣地域に存するものである場合においては、対象不動産と当該事例に係る不動産の個別的要因の比較」という記載がありますが、実務上は下の図のように行います。下の図は鑑定評価基準上「このほか地域要因及び個別的要因の比較については、それぞれの地域における個別的要因が標準的な土地を設定して行う方法がある」という文言に対応しています。

〈取引事例比較法のフロー〉

　手順①　取引事例と事例に係る不動産の存する地域の標準的画地で個別的要因の比較

　手順②　近隣地域と事例のかかる不動産の存する地域とで地域要因の比較

　手順③　標準的画地と対象不動産の個別的要因の比較

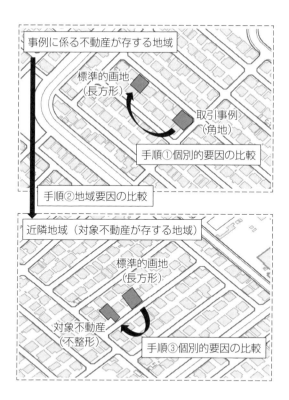

【査定方法 別表】

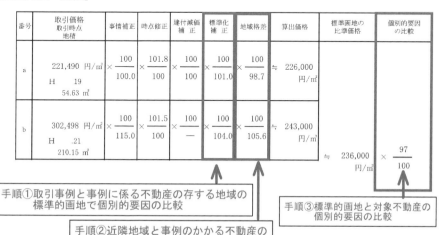

番号	取引価格 取引時点 地積	事情補正	時点修正	建付減価補正	標準化補正	地域格差	算出価格	標準画地の比準価格	個別的要因の比較
a	221,490 円/㎡ H 19 54.63 ㎡	$\times \dfrac{100}{100.0}$	$\times \dfrac{101.8}{100}$	$\times \dfrac{100}{100}$	$\times \dfrac{100}{101.0}$	$\times \dfrac{100}{98.7}$	$\fallingdotseq$ 226,000 円/㎡		
b	302,498 円/㎡ H .21 210.15 ㎡	$\times \dfrac{100}{115.0}$	$\times \dfrac{101.5}{100}$	$\times \dfrac{100}{—}$	$\times \dfrac{100}{104.0}$	$\times \dfrac{100}{105.6}$	$\fallingdotseq$ 243,000 円/㎡	$\fallingdotseq$ 236,000 円/㎡	$\times \dfrac{97}{100}$

手順①取引事例と事例に係る不動産の存する地域の
標準的画地で個別的要因の比較

手順②近隣地域と事例のかかる不動産の
存する地域とで地域要因の比較

手順③標準的画地と対象不動産の
個別的要因の比較

〈鑑定評価基準〉

　取引事例等の価格等は、その不動産の存する用途的地域に係る地域要因及び当該不動産の個別的要因を反映しているものであるから、取引事例等に係る不動産が同一需給圏内の類似地域等に存するもの又は同一需給圏内の代替競争不動産である場合においては、近隣地域と当該事例に係る不動産の存する地域との地域要因の比較及び対象不動産と当該事例に係る不動産との個別的要因の比較を、取引事例等に係る不動産が近隣地域に存するものである場合においては、対象不動産と当該事例に係る不動産の個別的要因の比較をそれぞれ行う必要がある。

(c) 土地の付帯費用

　対象不動産の市場性及び売買市場における需要者の行動等を勘案し、付帯費用に対応する市場価値は認められないと判断した。

(d) 土地の再調達原価

　以上より、取引事例比較法により求められた価格に、付帯費用を考慮して、土地の再調達原価を以下のとおり査定した。

57,900,000 円

b　建物

　類似物件の再調達価格による検証から、当該再調達価格に物価水準の変動等を考慮して、対象建物の再調達価格を以下のとおり査定した。

① 単　　価 円/m²	② 数　　量 m²	③ 再調達原価 ①×② 円
350,000	163.94	57,400,000

土地の付帯費用

土地建物一体としての付帯費用にする場合は「土地付帯費用については下記記載の建物及びその敷地一体としての付帯費用に含めて計上した。」と記載しましょう。

建物の再調達原価

○再調達価格について

建物の再調達価格は建築当初の建築費が入手できる場合には「直接法」で査定します。入手できない場合には、建設事例や各種データから建築費を査定することになります。参考となる資料としては以下のとおりです。

　・JBCI コストインフォメーション（https://www.jbci.jp/）

　・国土交通省　建設工事費デフレーター（建築費の推移を把握）

（https://www.mlit.go.jp/sogoseisaku/jouhouka/sosei_jouhouka_tk4_000112.html）

○数量について

建物の数量には登記簿数量、施工床数量等と違いがあります。建築費の単価事例が表示されている場合はそれが登記簿数量と施工床数量のどれであるかを確認した上で建築費事例としましょう。間違えやすい部分ですので設例を踏まえて確認しましょう。

〈設例〉

問　下記建築事例を参考に対象不動産の再調達原価を求めよ。

　　対象不動産：木造2階建　共同住宅　登記簿数量 300 m²

　　建築事例：木造2階建　共同住宅　300,000 円/m²（施工床ベース）

　　　　　　　　施工床面積 200 m²　登記簿数量 150 m²

答

　　300,000 円/m²（施工床ベース）×200 m²＝60,000,000 円（建築費事例）

　　60,000,000 円÷150 m²＝400,000 円/m²（登記簿ベース）

　　対象不動産の再調達価格

　　300 m²×400,000 円/m²（登記簿ベース）＝120,000,000 円

c　付帯費用

　建物及びその敷地の再調達に当たって必要となる付帯費用については、対象建物の状況及び対象不動産の市場分析を踏まえ、市場価値は認められないと判断した。

d　合計

　更地価格、建物再調達価格及び付帯費用を合計し、対象不動産の再調達原価を以下のとおり査定した。

再調達原価：115,300,000 円

付帯費用とは土地については建築期間中の公租公課、建物については建物引渡しまでの資金調達費用・発注者の開発リスク相当額・発注者利益（開発利益）・（貸家の場合）テナント募集費用及び賃借人が入居するまでの空室損失をいいます。

○付帯費用の市場価値が認められる場合の記載例

建物引渡しまでに発注者が負担する通常の資金調達費用や標準的な開発リスク相当額等の建物及びその敷地一体としての付帯費用については、下記のとおり判断した。

① 土地 再調達原価 円	② 土地 再調達原価 円	③ 再調達原価 ①＋② 円	④ 付帯費用率 ％	⑤ 付帯費用 ③×④ 円
＊,＊＊＊,＊＊＊	＊＊＊.＊＊	＊＊,＊＊＊,＊＊＊	＊＊	＊＊＊,＊＊＊,＊＊＊,＊＊＊

〈鑑定評価基準〉

　置換原価は、対象不動産と同等の有用性を持つ不動産を新たに調達することを想定した場合に必要とされる原価の総額であり、発注者が請負者に対して支払う標準的な建設費に発注者が直接負担すべき通常の付帯費用を加算して求める。これらの場合における通常の付帯費用には、建物引渡しまでに発注者が負担する通常の資金調達費用や標準的な開発リスク相当額等が含まれる場合があることに留意する必要がある。

② 減価修正

  a　土地

  土地については、減価はないと判断した。

  b　建物

  建物の現況及び地域的特性の推移・動向から判断して、対象建物は築後約22年が経過していること等から、建物の各部分の特性を勘案し、躯体・仕上げ・設備について、主として物理的及び機能的要因に着目し、耐用年数に基づく方法と観察減価法とを併用して減価率を求め、建物の再調達原価にこの減価率を乗じて、建物の減価額を下記のとおり査定した。なお耐用年数に基づく方法については定額法を採用した。

① 建物価格 円	② 減価率 %	③ 積算価格 ①×(1−②) 円
57,400,000	60	34,400,000

（※）　躯体：割合50％　定額法減価率44％
　　　　仕上：割合20％　定額法減価率73％
　　　　設備：割合30％　定額法減価率81％
　　　　加重平均61％

減価修正　土地

一般的には土地の減価はありません。

減価修正　建物

価格時点	2020 年 9 月 1 日
所　在	東京都
構造概要	鉄筋コンクリート造 14F
建築時期	2017 年 10 月 1 日
用途	オフィス
延面積	3,000 m²

	躯体	仕上	設備		
割合	35 %	35 %	30 %		
耐用年数	50 年	30 年	15 年		
経過年数	2 年	2 年	2 年		
残存期間	48 年	28 年	13 年	加重平均	減価率
定額法	96 %	93 %	87 %	92 %	8 %

○「率」ではなく「額」でも考えてみること

　例えば、上記のような建物がある場合、定額法に基づけば築 2 年で減価率が 8 %（100 %－92 %）となります。再調達減価が 10 億円の場合だと減価額 8,000 万円（10 億円×8 %）となります。築 2 年で建物の価値が 8,000 万の値下がりはどうでしょうか。築 2 年の建物をイメージしてみてください。外観は新築時同様でしょうし、内装や設備についても劣化や老朽化はほとんど見当たらないはずです。感覚的ですが、築年数が 2 年経過しただけでは 8,000 万ほどの価値下落はしないという印象です。したがって、定額法ほどの価値は落ちないと判断するのであれば、観察減価法を考慮して減価率を緩和しましょう。

　このような場合には、評価書にも「定額法では現価率 92 %であるが、対象建物は新築後 2 年しか経過しておらず、外観・室内の状況及び賃料については新築時とおおむね変わらないため観察減価法を考慮して建物の現価率を 98 %とした。」と記載すると

より分かりやすいです。

　また、本件は加重平均61％に対して原価率は60％で採用しています。必ず加重平均を採用する必要はなく、5単位程度の綺麗な数字で採用する場合もあります。

○収益還元法ベースでの根拠

　上記のような築浅の場合には、収益還元法の金額をイメージすると減価額はほとんどないということが分かります。収益還元法の試算価格を変動する大きな要因は「賃料収入」「利回り」になります。築2年経過した場合にこの2つに影響を及ぼすでしょうか？　賃料収入については新築時の賃借人が入居継続しているため入替わりはないことが多いです。また利回りについては「築年数に応じて0.1％変更するか」という論点になりますが、築1、2年では利回りに影響を与えないことが一般的です。利回りマーケットレポートにも「築1年～10年で＋0.1、築10年～15年で＋0.1」という5年単位で上乗せするものが多いそうです。したがって、収益還元法の試算価格は築1年程度であれば変わらないことが多いため、原価法の試算価格が大きく変わらないという裏付けにもなります。

　なお、国税庁が発表している耐用年数は税務上の耐用年数であり、実態にあった耐用年数でないことも多いため、鑑定評価に採用する耐用年数は実態に応じて査定するべきでしょう。

【国税庁発表の耐用年数】

構造・用途	細目	耐用年数（年）
木造	事務所用のもの	24
	店舗用・住宅用のもの	22
SRC造・RC造	事務所用のもの	50
	住宅用のもの	47

c　付帯費用

　複合不動産一体としての市場性及び売買市場における需要者の行動等を勘案し、付帯費用に対応する市場価値は認められないものと判断した。

d　土地建物一体

　対象不動産は建物と敷地との適応、周辺環境とも適合しているため、土地建物一体としての減価の発生はないため0円と判断した。

e　減価修正額

　土地、建物、付帯費用、土地建物一体それぞれの減価額を合計し、対象不動産の減価修正額を下記のとおり査定した。

$$a ＋ b ＋ c ＋ d ＝ 34,400,000 円$$

③　積算価格

　以上のとおり、価格時点における対象不動産の再調達原価について減価修正を行い、さらに土地建物一体としての市場性をも考慮の上、原価法による積算価格を以下のとおり試算した。

① 再調達原価 円	② 減価額 円	③ 積算価格 ①－② 円
115,300,000	34,400,000	80,900,000

減価修正　付帯費用

　付帯費用の減価というのは、建物の減価率と同様に落ちていくというのが一般的な考え方でしょう。付帯費用（建物引渡しまでの資金調達費用・発注者の開発リスク相当額・発注者利益（開発利益）・（貸家の場合）テナント募集費用及び賃借人が入居するまでの空室損失）は、建物が建築されている限り、プラスの要因として顕在しますが、例えば、建物が築60年で取壊し最有効使用の場合には建物が建っていることによる付帯費用はないと考えることができるでしょう。したがって、建物の減価率と同様（建物の価値が0円になったら付帯費用の価値も0円になる）と考えるのがシンプルで説明力がある場合が多いです。

減価修正　土地建物一体

　建物及びその敷地の一体としての減価については以下のような考えになります。

　建物の減価修正においては物理的要因、機能的要因、経済的要因に分けられています。

　減価修正において考慮した減価額は「物理的要因」と「機能的要因」のみを考慮しています。すなわち、建物の築年数に応じて耐用年数に基づく方法に基づき、建物を定量的に減価率を把握し物理的及び機能的な減価を査定します。さらに、外観等に破損や劣化があれば、観察減価法を適用して減価率（物理的減価）を決定します。すなわち上記で査定した建物の減価修正では「経済的要因」を考慮していません。したがって「経済的要因」は土地建物一体としての減価（又は増価）修正において考慮することが通常です。土地建物一体としての減価（増価）修正の例としては以下のとおりになります。

○土地建物一体としての減価の例

　下記のような場合で、商業地域（容積率600％）にもかかわらず対象建物の容積率が500％しか消化していない場合等は、土地建物一体として付帯費用にて減価修正する必要があります。

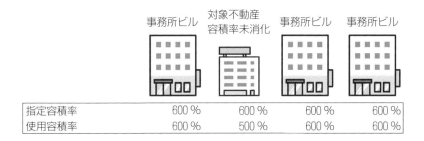

	事務所ビル	対象不動産 容積率未消化	事務所ビル	事務所ビル
指定容積率	600 %	600 %	600 %	600 %
使用容積率	600 %	500 %	600 %	600 %

この場合の減価額の査定は以下の式から査定することが多いです。

容積率消化していることを想定した建物の収益還元法の価格
－現況（容積率未消化）での収益還元法での価格
＝容積率未消化による減価

〈鑑定評価基準〉

　減価の要因は、物理的要因、機能的要因及び経済的要因に分けられる。これらの要因は、それぞれ独立しているものではなく、相互に関連し、影響を与え合いながら作用していることに留意しなければならない。

① 物理的要因

　物理的要因としては、不動産を使用することによって生ずる摩滅及び破損、時の経過又は自然的作用によって生ずる老朽化並びに偶発的な損傷があげられる。

② 機能的要因

　機能的要因としては、不動産の機能的陳腐化、すなわち、建物と敷地との不適応、設計の不良、型式の旧式化、設備の不足及びその能率の低下等があげられる。

③ 経済的要因

　経済的要因としては、不動産の経済的不適応、すなわち、近隣地域の衰退、不動産とその付近の環境との不適合、不動産と代替、競争等の関係にある不動産又は付近の不動産との比較における市場性の減退等があげられる。

（2）収益還元法

① 収益価格を求めるに当たって適用する手法

収益還元法の適用に当たっては、直接還元法を適用する。直接還元法は運営収益から運営費用を控除して運営純収益を求め、そこから一時金の運用益を加算して、資本的支出を控除して純収益を求める。さらに、純収益を還元利回りで還元して収益価格を試算する方法である。なお、市場参加者の観点からDCF法は適用しない。

② 新規賃料・還元利回りの査定

a　新規賃料の査定

・住宅部分

月額支払賃料（共込）：2,698円/m²（8,918円/坪）

敷金・礼金：ない

事例	所在地	成約時点	築年	階層	賃貸面積	月額支払賃料（共益費込）	敷金	礼金
1	墨田区石原1丁目「両国」駅徒歩5分					1,111円/m²		
2	墨田区石原1丁目「両国」駅徒歩5分					1,111円/m²		
3	墨田区石原1丁目「両国」駅徒歩5分					1,111円/m²		

・事務所部分

月額支払賃料（共込）：3,368円/m²（11,134円/坪）

敷金・礼金：ない

事例	所在地	成約時点	築年	階層	賃貸面積	月額支払賃料（共益費込）	敷金	礼金
1	墨田区石原1丁目「両国」駅徒歩5分					1,111円/m²		
2	墨田区石原1丁目「両国」駅徒歩5分					1,111円/m²		
3	墨田区石原1丁目「両国」駅徒歩5分					1,111円/m²		

b　還元利回りの査定

類似の不動産の取引事例との比較から求める方法を適用して対象不動産の還元利回りを求める。下記類似不動産の還元利回りを参考に、時点修正を行った上で

収益価格を求めるに当たって適用する手法

　直接還元法及び DCF 法はできる限り併用しましょう。本件は簡易にするため直接還元法のみ適用しています。リート等が購入するような不動産の場合、当該市場参加者は DCF 法を適用した上で物件を購入します。したがって鑑定評価においても直接還元法及び DCF 法を適用して収益価格を試算しましょう。本件のような狭小な賃貸共同住宅の場合、市場参加者は個人投資家がメインであり、当該市場参加者は直接還元法のみを適用して購入の意思決定を行います。したがって直接還元法のみの適用でも問題はないかと思いますが、より緻密に評価するなら DCF 法を適用すべきでしょう。

還元利回りの査定

　利回り事例については対象不動産と同程度のものを記載しましょう。対象不動産が個人投資家等が購入するようなアパートの場合にリートの利回り事例を記載している評価書が見られますが、アパートとリート物件では市場参加者が異なりますし、期待する利回り水準も異なります。

対象不動産の個別的要因を勘案し、4.3％と査定した。

【同一需給圏における類似不動産の還元利回り】

	事例1	事例2	事例3
物件名称	███████丁目 ビル	███████ 町ビルディング	██████ 町ビル
所在	████████	████████	████████
評価年月	██年█月█日	█年█月█日	█年█月█日
土地面積	███㎡	████㎡	███㎡
建物面積	███㎡	████㎡	███㎡
賃貸床面積	███㎡	████㎡	███㎡
建築年月	██年█月	█████年█月	███年█月
割引率	███%	██%	██%
最終還元利回り	███%	██%	██%
還元利回り	██%	██%	█████%
対象不動産との優劣	優れる	優れる	やや優れる

③ 直接還元法による収益価格

　下記のとおり、実際支払賃料と一時金の運用益等から構成される実質賃料を前提とし、運営収益から運営費用を控除して得た初年度における償却前純収益について、還元利回りで還元して、直接還元法による収益価格を査定した。

　a　建物概要

建物の利用状況							
用途	事務所 共同住宅	建築面積	58.53 ㎡	構造等	S造3階建	延床面積	163.94 ㎡
公法上の規制等							
用途地域	近隣商業	地積	72.00 ㎡	前面道路	6.0 m		
建ぺい率	80 %	指定容積率	200 %	基準容積率	200 %		

　b　現行契約

番号	タイプ	賃借人	賃貸面積	月額支払賃料	月額共益費	賃料単価（共込）	敷金
201	1R	賃貸中	27.80 ㎡	75,000 円	0 円	2,698 円/㎡	0 円
202	1R	賃貸中	27.80 ㎡	75,000 円	0 円	2,698 円/㎡	0 円
301	1R	賃貸中	27.80 ㎡	75,000 円	0 円	2,698 円/㎡	0 円
302	1R	賃貸中	27.80 ㎡	75,000 円	0 円	2,698 円/㎡	0 円
101	事務所	賃貸中	44.54 ㎡	150,000 円	0 円	3,368 円/㎡	0 円

C 運営収益

階　層	床面積 (m²)	有効率 (%)	有効面積 (m²)	月額支払賃料(円/m²) 月額支払賃料(円)	敷金等(月数) 礼金等(月数)	敷金等(円) 礼金等(円)
2～3	117.06	95 %	111.21	2,698	0	0
				300,000	0	0
1	46.88	95 %	44.54	3,368	0	0
				150,000	0	0
計	163.94	1.90	155.74	450,000		

①年額支払賃料	450,000　円　　×　　12　ヶ月　　5,400,000　円	
②共益費	①に計上　　　　　　　　　　　　　　　　0　円	
③その他収入	更新料収入　　　　　　　　　　　　169,000　円	
	駐車場使用料 　　—　　円/台　　×　　　台　×　12　ヶ月　　　0　円	
④貸倒れ損失	一時金により担保されるため計上しない	
⑤空室等による 　損失相当額	5,569,000　円　　×　　5　　%　　　278,000　円	
⑥以上　計 （①＋②＋③－④－⑤）	5,291,000　円	
⑦保証金等の運用益	0　円　　×　　　%　×　　　%　　0　円	
⑧権利金等の運用益 　及び償却額	（償却年数）　　　年　　（運用利回り）　　　% 　0　円　　×　　　×　　%　　0　円	
⑨その他の収入に係る 　保証金等の運用益	0　円　　×　　　×　　%　　0　円	
⑩運営収益 （⑥＋⑦＋⑧＋⑨）	5,291,000　円	

d 運営費用及び運営純収益

項　　　目	実額・査定額	算　出　根　拠
① 維持管理費	10,000 円	清掃費、設備管理費、警備費等の維持管理費については過年度実績額及び類似不動産の維持管理費を参考に計上した。
② 水道光熱費	5,000 円	過年度の実績額及び類似不動産の水道光熱費を参考に計上した。
③ 修繕費	337,000 円	過年度の実績額及び類似不動産の原状回復費及び修繕費を参考に計上した。
④ プロパティマネジメントフィー	154,000 円	契約条件に基づく報酬料率等を参考に、類似不動産における報酬料率、対象不動産の個別性等を考慮して計上した。
⑤ テナント募集費用等	187,000 円	新規入居者の募集や成約及び入居者の更新に係る事務手数料を、契約条件や周辺における類似不動産の賃貸条件等を参考に、計上した
⑥ 公租公課等（土地）	84,300 円	実額を計上
⑥ 公租公課等（建物）	195,500 円	実額を計上
⑦ 損害保険料	230,000 円	実額を計上
⑧ その他費用	0 円	特にない
⑨ 運営費用（①〜⑧）	1,202,800 円	経費率 22.73 %
⑩ 運営純収益（運営収益 − 運営費用）	4,088,200 円	

e 直接還元法による収益価格

① 一時金の運用益	0 円	
② 資本的支出	530,000 円	類似不動産における資本的支出の水準、築年数等を勘案のうえ査定した。
③ 純収益（運営純収益−（①＋②））	3,558,200 円	
④ 還元利回り	4.3 %	類似不動産における資本的支出の水準、築年数等を勘案のうえ査定した。
③ 収益価格（③÷④）	82,700,000 円	同一需給圏における類似不動産の還元利回りを参考に対象不動産の立地条件、建物条件、等を考慮して査定した。

④　収益還元法による収益価格

　　直接還元法は、一期間の純収益を還元利回りで還元するという手法であるため、将来の純収益の変動等に関する具体的な想定内容を明示し難いという側面を有するものの、収益性の指標でもある還元利回りについては、取引利回り等との比較検討が可能であり、実証性を有する。本件においては、貸室賃料収入や稼働率等について中長期的に安定した水準を採用することにより還元利回りの比較可能性を高め、市場における取引利回り等との比較考量を十分に行っている。以上の考察を踏まえ、収益価格を下記のとおり試算した。

収益還元法による収益価格：82,700,000 円

2　試算価格の調整及び鑑定評価額の決定

以上により、

(1)　原価法による積算価格

80,900,000 円

(2)　収益還元法による収益価格

82,700,000 円

の両試算価格を得たので、両試算価格の再吟味及び説得力に係る判断を行って調整の上、鑑定評価額を決定する。

(1)　試算価格の調整

①　各試算価格の再吟味

　　積算価格は、主に費用性の観点から対象不動産の市場価値を把握した価格である。本件においては、土地については取引事例比較法を適用して、実際の取引価格をもとに公示価格を規準とした価格との均衡に留意して査定し、建物については対象建物の個別性等を考慮した再調達原価を査定し、付帯費用については資金調達費用及び開発リスク相当額等を考慮して査定し、さらに建物及びその敷地一体としての市場性を考慮して、減価修正を行い試算した。収益価格は、主に収益性の観点から対象不動産の市場価値を把握した価格である。本件においては、直接還元法を適用した。直接還元法は、中長期的に安定的と認められる査定賃料等に基づく純収益を、類似不動産に係る取引利回り等や対象不動産の個別性を反映した還元利回りで還元して求めている。各手法に共通する価格形成要因に関する判断の整合性について検

討すると、原価法における物理的要因・機能的要因・賃貸市場動向等収支見込みに関する経済的要因は、収益還元法における収支動向及び還元利回り等の査定において相互に考量している。本件においては収益価格が積算価格をやや上回って求められたが、これは積算価格の査定における付帯費用及び土地建物一体としての市場性の検討において、対象不動産を賃貸運用することにより得られる付加価値の増分を費用性の観点から適正に査定することにやや困難が伴い、積算価格に十分に反映できなかった可能性があるためと思料する。

② 各試算価格が有する説得力に係る判断

対象不動産は、投資用不動産に区分され、立地特性、建物用途等の不動産の諸属性から、その典型的な需要者は、個人投資家及び法人投資家等が中心になると認められ、当該需要者は一般的にその収益性を重視して取引を行う傾向が強いことから、収益還元法は対象不動産の市場の特性に最も適合した手法といえる。また、依頼者等より賃貸借等に係る信頼性の高い資料が提供されていることから、資料の相対的信頼性についても収益価格の信頼性は高く、収益価格がより高い説得力を有すると判断した。

(2) 鑑定評価額の決定

以上の分析を踏まえ、本件においては、収益的側面からの価格形成プロセスを忠実に再現した収益価格がより説得力を有すると判断し、収益価格を採用し、積算価格は参考に留め、鑑定評価額を下記のとおり決定した。

鑑定評価額：82,700,000 円

X 付記事項

1 不動産鑑定士等の役割分担

業者分類	業者名	不動産鑑定士の氏名	署名押印（※）	業務内容
受任業者	○○不動産鑑定事務所	AA　AA	○	・鑑定評価の手順の全段階
		BB　BB		・鑑定評価業務の受任審査
		CC　CC		・鑑定評価報告書の審査

別表1　比準価格及び規準とした価格

番号	取引価格 取引時点 地積	事情補正	時点修正	建付減価補正	標準化補正	地域格差	算出価格	標準画地の比準価格	個別的要因の比較
a	■ 円/㎡　■㎡	$\times \dfrac{100}{100.0}$	$\times \dfrac{101.8}{100}$	$\times \dfrac{100}{100}$	$\times \dfrac{100}{101.0}$	$\times \dfrac{100}{98.7}$	$\fallingdotseq$ ■ 円/㎡		
b	■ 円/㎡　■㎡	$\times \dfrac{100}{115.0}$	$\times \dfrac{101.5}{100}$	$\times \dfrac{100}{-}$	$\times \dfrac{100}{104.0}$	$\times \dfrac{100}{105.6}$	$\fallingdotseq$ ■ 円/㎡	$\fallingdotseq$ ■ 円/㎡	$\times \dfrac{■}{100}$
c	■ 円/㎡　■㎡	$\times \dfrac{100}{100.0}$	$\times \dfrac{101.8}{100}$	$\times \dfrac{100}{-}$	$\times \dfrac{100}{107.1}$	$\times \dfrac{100}{106.7}$	$\fallingdotseq$ ■ 円/㎡		対象地の比準価格
d	■ 円/㎡　■㎡	$\times \dfrac{100}{100.0}$	$\times \dfrac{102.3}{100}$	$\times \dfrac{100}{-}$	$\times \dfrac{100}{107.1}$	$\times \dfrac{100}{110.0}$	$\fallingdotseq$ ■ 円/㎡		〔単価〕 $\fallingdotseq$ ■ 円/㎡
e	■ 円/㎡　■㎡	$\times \dfrac{100}{100.0}$	$\times \dfrac{101.4}{100}$	$\times \dfrac{100}{100}$	$\times \dfrac{100}{100.0}$	$\times \dfrac{100}{105.0}$	$\fallingdotseq$ ■ 円/㎡		〔総額〕 ■ 円

番号	公示・基準地 価格 基準口 地積		時点修正		標準化補正	地域格差	標準画地の規準価格	個別的要因の比較	規準とした価格
公示地	■ 円/㎡　■㎡		$\times \dfrac{100.5}{100}$		$\times \dfrac{100}{102.0}$	$\times \dfrac{100}{116.8}$	$\fallingdotseq$ ■ 円/㎡	$\times \dfrac{■}{100}$	$\fallingdotseq$ ■ 円/㎡
基準地	■ 円/㎡　＝　■㎡		$\times \dfrac{100}{100}$		$\times \dfrac{100}{100.0}$	$\times \dfrac{100}{100.0}$	$\fallingdotseq$ 0 円/㎡	$\times \dfrac{■}{100}$	$\fallingdotseq$ 0 円/㎡

〔事情補正〕
a:正常
b:買進み +15%
c:正常
d:正常
e:正常

〔建付減価補正〕
b～d:更地取引
a・e:建物の用途・構造・規模、経済的残存耐用年数、敷地との適応状態、環境との適合状態等を総合的に勘案した。

〔時点修正〕
公示価格・基準地価格等の変動率を参考に、当該地域の地価動向を分析して、時点修正のための変動率を右のとおり判定した。
+1.5%(年率)
+1.5%(年率)
+1.5%(年率)

〔標準化補正〕
〔地域格差〕
別表2 参照

〔標準画地の比準価格〕
調整理由　いずれも同一需給圏内の地域要因の類似する取引事例であり、規範性がある。bは事情補正がある。cは規模が類似し、取引時点も比較的新しい。dは規模の類似性がある。eは取引時点が比較的新しい。以上より、事例c～eを重視して標準画地の比準価格を上記のとおり求めた。

〔個別的要因の比較〕
内訳
詳細については、本文に記載

122

【著者プロフィール】

泰道　征憲（たいどう　まさのり）

不動産鑑定士、土地家屋調査士、宅地建物取引士

　2012 年日本大学理工学部 海洋建築工学科卒業。不動産仲介業者、デューデリジェンス会社を経験。2016 年に不動産鑑定士試験合格し、日本不動産研究所に入所。2022 年 9 月（当時 33 歳）に T. Y. Links 株式会社を設立。現在は不動産鑑定士として不動産活用の相談業務や鑑定評価業務を行っている。

　また、若手不動産鑑定士の活性化を目指して明海大学で実務修習生の指導や鑑定士向けのセミナーを開催。

不動産鑑定評価書の書き方〔住宅編〕
資料の収集・価格算出・文章表現がわかる

2023年8月15日　初版発行

著　者	泰道征憲
発行者	大坪克行
発行所	株式会社税務経理協会
	〒161-0033東京都新宿区下落合1丁目1番3号
	http://www.zeikei.co.jp
	03-6304-0505
印　刷	美研プリンティング株式会社
製　本	牧製本印刷株式会社
デザイン	原宗男（カバー）

本書についての
ご意見・ご感想はコチラ

http://www.zeikei.co.jp/contact/

本書の無断複製は著作権法上の例外を除き禁じられています。複製される
場合は，そのつど事前に，出版者著作権管理機構（電話03-5244-5088，
FAX03-5244-5089, e-mail: info@jcopy.or.jp）の許諾を得てください。

JCOPY ＜出版者著作権管理機構 委託出版物＞

ISBN 978-4-419-06955-1　C3034

© 泰道征憲 2023 Printed in Japan